CATALOGUE PHOTOGRAPHIQUE

DE TOUT CE QUI A PARU A CE JOUR

(Format Carte de Visite)

CENTRALISATION DE PHOTOGRAPHIES

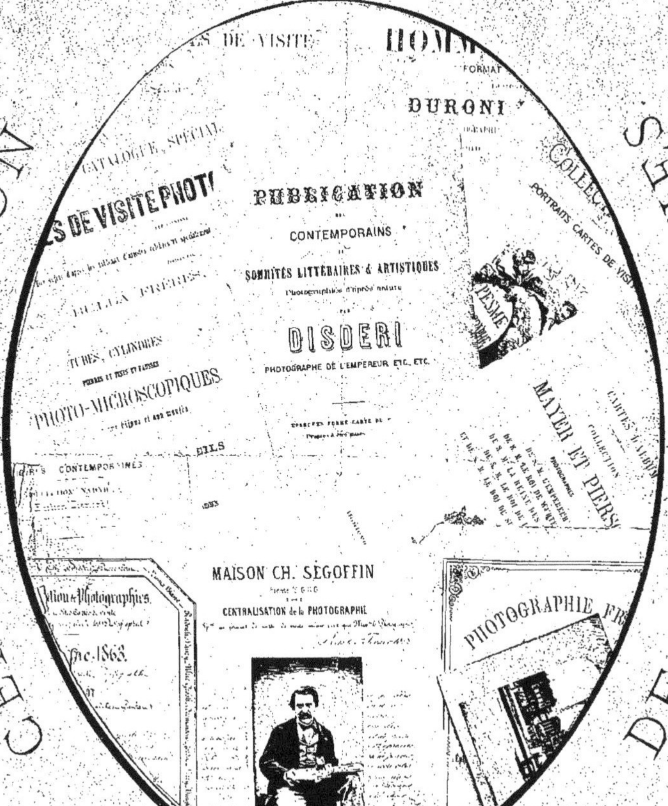

EN VENTE

CHEZ CH. SÉGOFFIN

BREVETÉ S.G.D.G.

91, Boulevart de Sébastopol, au coin de la Rue Grenétat, PARIS.

1864.

Lith. Brioude, J. Halinbourg Sucr. Rue des Fontaines, 5. Paris.

TABLE DES MATIÈRES

—

Supplément au Catalogue.

CATALOGUE COMPLET

DE TOUT CE QUI A PARU A CE JOUR

en

PHOTOGRAPHIES

(Format Cartes de visite)

EN VENTE

A LA CENTRALISATION DE PHOTOGRAPHIES

CH. SÉGOFFIN

91, Boulevard de Sébastopol, au coin de la rue Grenétat, à Paris

SEUL INVENTEUR BREVETÉ (S. G. D G.)

POUR LE

MICROPHORE pliant et mobile (indispensable à l'Album)

et le

STÉRÉOSCOPE en étoffe.

Sept cents clichés tout neufs, pour vues stéréoscopiques, de Paris nouveau, Bords du Rhin, Suisse, Italie et Sujets de genre, etc., noirs, coloriés, transparents, sur verre.

PHOTOGRAPHIES DITES TIMBRES POUR ALBUMS BIJOUX

et pour MM. les Bijoutiers, Tablettiers, Cartonniers, etc., etc.

GRAND CHOIX

de

PHOTOGRAPHIES MICROSCOPIQUES

dites Stanopes.

PARIS

IMPRIMERIE DE G.-A. PINARD

9, cour des Miracles.

Lith. BRIOUDE, HALINBOURG, 5, rue des Fontaines.

1864

"

Par l'embarras ou se trouvait l'acheteur de s'instruire sur les Sujets et Portraits qui paraissaient (le nombre devenant considérable,) et par cela même ne pouvant satisfaire aux demandes qui lui étaient adressées, ignorant si tel ou tel sujet avait paru, j'ai essayé de faire pour le mieux en réunissant dans un seul Catalogue toutes les Photographies (format cartes de visites) qui se trouvent faites à ce jour en les classant chacune dans sa dénomination.

Je serai heureux M   si j'ai pu parvenir au but que je me proposais qui est celui de vous être utile.

Votre tout devoué.

Ch. Segoffin

MICROPHORE

C. S.

(Breveté, s. g. d. g.)

CEUX PLIANT DE POCHE

en Maroquinerie, Mouton, Veau russe, Toile, Velours, Etoffe, etc.

CEUX MOBILE

en Gainerie, Peau, Velours, Toile, Etoffe, Carton ; — en Ebénisterie : Acajou, noir
avec ou sans filets, Palissandre ; — Marquetterie : Rose, Ivoire,
Écaille, Nacre, etc.

CEUX EN BOITE

La Boîte se trouve être en Gaînerie et Ebénisterie, semblable aux précédents.
seulement le MICROPHORE se trouve être en étoffe rose, ce qui donne l'animation
naturelle au sujet avec un emplacement dans la Boîte de quoi loger 12 cartes de
visite (le tout étant de l'épaisseur de 2 centimètres).

CEUX EN PORTEFEUILLE

se trouvent être en Peau et Toile, le MICROPHORE en étoffe rose, et le tout ayant
l'épaisseur de 50 millimètres et pouvant aisément se placer
dans le portefeuille.

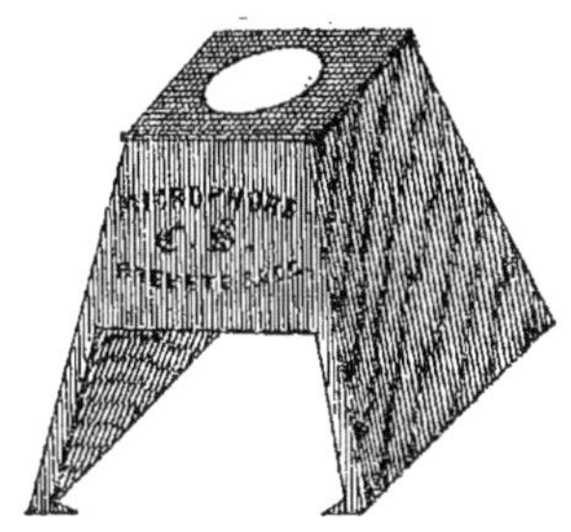

CE MICROPHORE

C. S.

(breveté s. g. d. g.)

Chaque Microphore où ne serait pas
adapté cette griffe en doré, devra
être considéré comme contrefait et
poursuivi comme tel.

a l'avantage 1º d'être *indispensable à l'Album*, par la raison qu'étant découpé à
jour (de la forme de la carte de visite) en dessous, IL DEVIENT INUTILE DE RETI-
RER LE PORTRAIT OU LE SUJET DE SON EMPLACEMENT pour le promener de l'un
à l'autre, afin d'en obtenir le relief et l'agrandissement ;

2º De remplacer le Stéréoscope qui exige deux photographies exécutées pour ;

3º De tenir peu de place et d'être d'un prix restreint.

GRANDE NOUVEAUTÉ

STÉRÉOSCOPE - ÉTOFFE [1]

C. S.

Breveté s. g. d. g.

Ayant l'avantage de détruire l'effet blanc-plâtre qu'on obtenait jusqu'à ce jour avec les Stéréoscopes ordinaires et de le remplacer avec une couleur rose qui donne aux sujets une animation naturelle.

[1] Chaque Stéréoscope où ne serait pas adapté cette griffe en doré, devra être considéré comme contrefait et poursuivi comme tel.

AVIS

Chaque trimestre, il paraîtra un Supplément de ce qui aura paru à nouveau.

***

Chaque acheteur de Cent francs aura droit au présent Volume.

***

Un premier Supplément existe à la page 173.

(Voir la Table des matières au commencement de l'ouvrage.)

NOUVELLE COMBINAISON D'ALBUMS
à des prix exceptionnels.

Albums complets de vingt cartes, assortis par séries suivantes :

Nᵒˢ 1	Souvenirs de Paris.............	5 séries à	42 fr. les douze albums.				
2	— de Versailles.........	1	—	48 fr.	—	—	
3	— de France..........	3	—	48 fr.	—	—	
4	— des bords du Rhin....	5	—	54 fr.	—	—	
5	— d'Italie.............	3	—	54 fr.	—	—	
6	— de Rome.......	1	—	54 fr.	—	—	
7	— de Naples...........	1	—	54 fr.	—	—	
8	— de Venise...........	1	—	54 fr.	—	—	
9	Galerie de tableaux religieux....	5	—	54 fr.	—	—	
10	Galerie de tableaux divers......	5	—	54 fr.	—	—	
11	Sujets d'intérieur pour la jeunesse	5	—	54 fr.	—	—	
12	Casino (1864)..................	5	—	66 fr.	—	—	
13	Palais impériaux	5	—	66 fr.	—	—	
14	Elles aiment..................	1	—	72 fr.	—	—	
15	Famille de Louis XVI.........	1	—	54 fr.	—	—	

La Collection se continue.

Nota.—Albums avec couvertures plus ordinaires : 6 fr. de moins par douzaine.

***

VIENT DE PARAITRE L'ALBUM

ELLES AIMENT
Composé de vingt types de ces Dames.

—

1864.

1.

ELLES AIMENT

Album de vingt cartes, sujets nouvellement édités.

***

PLACEMENT DES DESSINS.

1° L'auteur du Succube.
2° Avant la lettre.
3° ELLES AIMENT.
4° Pour de l'or.
5° Pour la gloire.
6° Pour la fourchette.
7° Pour un coupé.
8° Par imagination.
9° Pour l'acteur.
10° Pour la forme.

11° Pour l'art.
12° Par dévouement.
13° Pour tout le monde.
14° Par métier.
15° Pour rien.
16° Pour la jeunesse.
17° Pour l'humanité.
18° Par misère.
19° Pour l'alcool.
20° Saint-Lazare.

RÉFÉRENCES NOUVELLES

des

VUES STÉRÉOSCOPIQUES

(Clichés appartenant à la Maison).

———

1. PARIS 1er choix, sur cartes en noir.
3. id. id. dioramiques.
5. id. id. dioramiques sur-prises.
6. id. id. sur cartes instanta-nées.
8. id. id. instantanées diora-miques.
10. id. id. instantanées diora-miques surprises.
11. GRISETTES 1er ch., sur cartes en noir.
12. id. id. sur cartes coloriées.
13. id. id. transparentes co-loriées.
14. id. 2e choix, transparentes colo-riées.
15. id. id. transpar. en noir.
17. SUJETS, 1er ch., sur cartes en noir.
18. id. id. cartes coloriées.
19. id. id. transpar. coloriées.
20. id. 2e choix, transpar. coloriées.
21. id. id. transpar. en noir.
23. FRANCE, 1er ch., sur cartes en noir.
25. id. id. dioramiques.
26. id. id. dioramiques incen-dies et surprises.

27. FRANCE, 2e ch., dioramiques.
28. id. id. transpar. en noir.

30. ITALIE, 1er ch., sur cartes en noir.
31. id. id. dioramiques.
32. id. id. dioramiques incen-dies et surprises.
33. RHIN, 1er choix, sur cartes en noir.
34. id. id. dioramiques.
35. id. id. dioramiques incen-dies et surprises.

36. SUISSE, id. sur cartes en noir.
37. id. id. dioramiques.
38. id id. dioramiques incen-dies et surprises.

39. PALAIS IMPÉRIAUX, 1er choix, sur cartes en noir.
41. id. 1er choix, dioramiques.
42. id. id. dioramiques incen-dies et surprises.

43. CHEMINS DE FER, 1er choix, diora-miques incendies et surprises.

44. MARINES, 1er ch., sur cartes en noir
45. id. id. dioramiques.

46. MARINES, 1er ch., dioramiques incendies et surprises.

47. PAYSAGES, id. sur cartes en noir.
48.   id.   id. dioramiques.
49.   id.   id. dioramiques incendies et surprises.

50. ANIMAUX, id. sur cartes en noir.
51.   id.   id. cartes coloriées.

52. ANIMAUX, 1er ch., transp. coloriées.

53. STATUETTES id. sur cartes en noir.

55. MYTHOLOGIE id. sur cartes en noir.
56.   id.   id. cartes coloriées.
57.   id.   id. transpar. coloriées.

61. ACTRICES, id. sur cartes en noir.
62.   id.   id. cartes coloriées.

LA COLLECTION SE CONTINUE.

GRAND CHOIX DE VUES SUR VERRE.

Ne pas confondre les numéros des vues avec ceux du Catalogue des cartes.

ASSORTIMENT COMPLET

DE

VUES

STÉRÉOSCOPIQUES

de tous les genres

et

DE TOUS LES PAYS

en 1er et 2e choix

Sur Cartes ......, noires ou coloriées.

Sur Transparents   —   —

Sur Verres......,   —   —

FRANCE

FAMILLE IMPÉRIALE

1 S. M. I. Napoléon III (Louis). — Empereur des Français 1852, président de la République par 7,500,000 suffrages 1851.

2 S. M. I. Eugénie (Marie de Montijo). — Impératrice 1853 , née à Grenade (Andalousie).

3 S. A. I. Napoléon (Eugène).—Prince impérial 1856.

4 S. A. I. le prince Jérôme (Napoléon-Bonaparte).--Ex-roi de Westphalie.

5 S. A. I. la princesse Mathilde (Lœtizia-Bonaparte). — Fille du prince Jérôme et sœur du prince Napoléon.

6 S. A. I. le prince Napoléon (Charles-Bonaparte). — Fils du prince Jérôme.

7 S. A. I. la princesse Clotilde de Savoie.- Fille de Victor-Emmanuel, femme du prince Napoléon.

GROUPES DE LEURS MAJESTÉS IMPÉRIALES

8 L'Empereur, l'Impératrice, le Prince impérial, le prince Napoléon, la princesse Clotilde. — (Groupe de 5.)

9 LL. MM. l'Empereur, l'Impératrice et S. A. le Prince impérial. — (Groupe de 3).

10 LL. MM. l'Empereur et l'Impératrice — (Groupe de 2).

11 S. M. l'Impératrice et S. A. le Prince impérial.— (Groupe de 2).

12 LL. AA. II. le prince Napoléon et la princesse Clotilde. — (Groupe de 2.)

13 Charles Bonaparte , Napoléon Ier, Louis - Napoléon Bonaparte , Napoléon III.— (Groupes des 4, pères des 4 Napoléon.)

14 LL. MM. II. Napoléon Ier, Marie-Louise, Roi de Rome, Napoléon III, Eugénie , Prince impérial. — (Groupe des 2 Familles impér.)

15 Lætizia, Marie-Louise, reine Hortense, Eugénie. — (Groupe des mères des 4 Napoléon.)

16 LL. MM. II. Napoléon Ier, Napoléon III.—(Groupe des 2 empires)

17 LL. MM. II. Napoléon Ier, Roi de Rome, Napoléon III, Prince impérial.— (Groupe des 4 Napoléon.)

18 Visite de S. M. Napoléon III à Son Em. le cardinal Morlot, archevêque de Paris. — (Groupe.)

19 Visite de LL. MM. II. l'Empereur et l'Impératrice à la princesse Clotilde. — (Groupe.)

20 S. M. l'Empereur avec S. A. le Prince impérial en voiture. — (Groupe.)

21 LL. MM. Napoléon Ier, Napoléon II, Napoléon III, le Prince impérial et la reine Hortense.— (Groupe.)

22 S. A. le Prince impérial offrant une collation aux enfants de troupe. — (Groupe.)

23 Famille Impériale.—(Groupe de 7.)

24 Famille Impériale. — (Groupe de 13.)

25 Napoléon III et son état-major. — (Groupe.)

26 Famille de Napoléon Ier et Napoléon III. — (Groupe de 7.)

27 Famille de Napoléon III. — (Groupe de 53.)

28 L'empereur Napoléon III à l'escalier d'honneur aux Tuileries. — (Groupe de 42.)

PRINCES ET PRINCESSES
de la
FAMILLE DE S. M. L'EMPEREUR

LL. AA.

29 Comtesse de Montijo. — (Mère de l'impératrice Eugénie.)

30 Duc d'Albe. — (Beau-frère de l'Impératrice.)

31 Duchesse d'Albe. — (Sœur de l'Impératrice.)

32 Duchesse d'Albe et ses enfants. — (Groupe de 4.)

33 Enfants du duc d'Albe.—(Groupe.)

34 Prince Baciocchi. — (Premier chambellan de l'Empereur.)

LL. AA.

35 Princesse Baciocchi (cousine de l'Empereur et fille du prince de Lucques.)

36 Prince Murat (Lucien). — (Sénateur.)

37 Princesse Murat (Miss Fraser.) — (Femme du précédent.)

38 Prince Joachim Murat. — Officier d'ordonnance de l'Empereur, fils du prince Murat.)

En vente à la Centralisation de photographies, Ch. Segoffin, à Paris.

39 Princesse Joachim Murat.—(Femme du précédent.)

40 Princes Achille et Louis Murat.— (Groupe de 2, fils du prince Murat.)

41 Princesse Caroline Murat. — Baronne de Chassiron, fille du prince Murat.

42 Princesse Anna Murat. — Fille du prince Murat.

43 Princesses Caroline et Anna Murat. — (Groupe.)

44 Princesse Louise Murat. — Comtesse de Rasponi.

45 Prince Napoléon-Louis (feu). — Frère de l'Empereur.

46 Prince Bonaparte de Canino. — Homme politique d'Italie et savant naturaliste.

47 Princesse Christine Bonaparte de Canino.—Femme du précédent.

48 Prince et princesse Antoine Bonaparte. — (Groupe.) Fils de Lucien.

49 Princesse Lætizia Bonaparte. — Sœur du prince Murat.

50 Prince Lucien Bonaparte. — Sénateur.

51 Wyse Bonaparte. — Fils de Lucien Bonaparte.

52 Prince Joseph Bonaparte. — Frère de Napoléon Ier.

53 Comte de Prémoli.

54 Princesse Bonaparte, comtesse de Prémoli.

55 Princesse Bonaparte Valentini.

56 Prince Pierre-Napoléon Bonaparte. — Ancien représentant.

57 Princesse Bonaparte Gabrielli.

58 Princesse Julie Bonaparte.

59 L'abbé Bonaparte.

60 Comte Gabrielli.

61 Comtesse Gabrielli.

62 Comte Rasponi.

63 Princesse de Solms (née Bonaparte). — Epouse de Ratazzi.

64 Napoléon Ier. — Empereur des Français 1804.

65 Joséphine. — Première femme de Napoléon Ier 1796 à 1809.

66 Marie-Louise. — Deuxième femme de Napoléon Ier 1810 à 1814.

67 Duc de Reichstadt. — Roi de Rome, fils de Napoléon Ier et de Marie-Louise.

68 Lætizia-Ramoli. — Mère de Napoléon Ir.

69 Reine Hortense. — Mère de Napoléon III.

70 Famille Bonaparte. — (Groupe.)

71 Famille de l'Empereur Napoléon III. — (Groupe de 53.)

FAMILLE D'ORLÉANS

72 Louis-Philippe Ier d'Orléans. — Roi de France 1830.

73 Marie-Amélie de Bourbon. — Reine de France, femme du précédent.

74 Adelaïde d'Orléans (princesse). — Sœur du roi Louis-Philippe.

75 Orléans (Ferdinand, duc d'). — Prince royal, fils aîné du roi Louis-Philippe.

76 Orléans (Hélène, duchesse d'). — Femme du précédent,

77 Paris (Louis-Philippe-Albert d'Orléans, comte de). — Fils aîné du duc d'Orléans.

78 Chartres (Robert-Philippe d'Orléans, duc de). — Fils du duc d'Orléans.

79 Nemours (Louis-Charles-Philippe d'Orléans, duc de). — Deuxième fils du roi Louis-Philippe.

80 Nemours (duchesse de). — Duchesse de Saxe-Cobourg-Gotha, femme du précédent.

81 Gaston d'Orléans (comte d'Eu). — Fils aîné du duc de Nemours.

82 Ferdinand-Philippe d'Orléans (duc d'Alençon). — Deuxième fils du duc de Nemours.

83 Joinville (François-Ferdinand-Philippe, prince de). — Troisième fils du roi Louis-Philippe, vice-amiral.

84 Joinville (princesse de). — Femme du précédent.

85 Françoise-Marie-Amélie de Joinville. — Fille du prince de Joinville.

86 Penthièvre (Pierre-Philippe, duc de). — Fils du prince de Joinville.

87 Aumale (Henri-Philippe d'Orléans, duc d'). — Quatrième fils du roi Louis-Philippe.

88 Aumale (duchesse d'). — Femme du précédent.

89 Condé (prince de). — D'Aumale, premier fils du duc d'Aumale.

90 Guise (duc de). — D'Aumale, deuxième fils du duc d'Aumale.

91 Montpensier (Antoine-Philippe d'Orléans, duc de). — Cinquième fils du roi Louis-Philippe.

92 Montpensier (Ferdinande de Bourbon, duchesse de). — Sœur d'Isabelle II, femme du précédent.

93 Marie d'Orléans (princesse feu). — Fille du roi Louis-Philippe, femme du duc Alexandre de Wurtemberg.

En vente à la Centralisation de photographies, Ch. Segoffin, à Paris.

94 Clémentine d'Orléans (princesse).— Fille du roi Louis-Philippe, femme du prince Auguste de Saxe-Cobourg-Gotha.

95 Saxe Cobourg-Gotha (prince de). — Mari de la princesse Clémentine d'Orléans.

96 Philippe de Wurtemberg (duc). — Fils de la princesse Clémentine d'Orléans et du prince de Saxe-Cobourg-Gotha.

97 Ernest de Wurtemberg (duc).—Fils de la princesse Clémentine d'Orléans de Saxe-Cobourg-Gotha.

GROUPES AYANT RAPPORT A LA FAMILLE D'ORLÉANS

98 Duc d'Orléans. — Duchesse d'Orléans.— Comte de Paris. — (Groupe.)

99 Dernier jour de bonheur. — (Groupe.)

100 Duchesse d'Orléans et le comte de Paris. — (Groupe.)

101 Comte de Paris. — Duc de Chartres. — (Groupe.)

102 Dernière revue du duc d'Orléans. — (Groupe.)

103 Duc de Chartres à Solferino. — (Groupe.)

104 Famille de Montpensier. — (Groupe.)

105 Duc de Montpensier. — Duchesse de Montpensier. — (Groupe.)

106 Comte d'Eu. — Duc d'Alençon. —(Groupe.)

107 Comte d'Eu, au Maroc. — (Groupe.)

108 Famille d'Orléans. — (Groupe de 27)

109 Famille d'Orléans. — (Groupe de 16.)

110 Famille d'Orléans. — (Groupe de 20.)

111 Louis-Philippe et ses fils· — (D'après Horace Vernet.)

MINISTRES

LL. EE.

112 Billault (Auguste-Adolphe-Marie). — (G.)

113 Baroche (Pierre-Jules). — (G.)

LL. EE.

114 * Chasseloup-Laubat (comte-de).— (G.)

115 * Drouyn de Lhuys (Edouard).

116 Delangle (Claude-Alphonse).— (G.)
117 * Fould (Achille).
118 Magne (Pierre). — (G.)
119 Persigny (Jean - Gilbert - Victor-Fralin, comte de). — (G.)
120 Rouland (Gustave).
121 * Rouher (Eugène). — (G.)
122 * Randon (Jacques-Louis, comte). — Maréchal (G.)
123 * Vaillant (Jean-Baptiste-Philibert). — Maréchal.
124 Walesky (Alexandre - Florian - Colonna, comte). — (G).
125 Boudet (Paul).

126 Morny (Charles - Auguste - Louis-Joseph, comte de). — (G.)
127 Padoue (Arriggi de Casanova, duc de). — (G.)
128 Royer (Paul-Henri-Ernest de). — (G.)
129 Forcade de la Roquette (Jean-Louis-Adolphe de). — (G.)
130 Hamelin (Ferdinand-Alphonse).
131 Ministres réunis (marqués G). — (Groupe de 13.)
132 * Duruy.
133 * Behic.

Les Ministres marqués d'un astérisque (*), composent le ministère actuel.

MARÉCHAUX

MM.

135 Bosquet (Pierre-François-Joseph), 1856.
136 Bugeaud de la Piconnerie (feu), 1843.
137 Canrobert (François - Certain), 1856. — (G).
138 Castellane (Esprit-Victor-Boniface, comte de), feu, 1852. — (G).
139 Mac-Mahon (Maurice de), duc de Magenta, 1859. — (G.)
140 Magnan (Bernard-Pierre), 1851.— (G.)

MM.

141 Niel (Adolphe), 1859. — (G.)
142 Pélissier (Aimable-Jean-Jacques), duc de Malakoff, 1856, gouverneur de l'Algérie. — (G.)
143 Regnault de Saint-Jean-d'Angely (comte), 1859. — (G.)
144 Saint - Arnauld (Louis - Adolphe-Leroy de), 1854.
145 Soult (duc de Dalmatie), feu, 1804.
146 Forey (Elie-Frédéric), 1863.
147 Randon (Jacques-Louis), comte, 1856. — (G.)

MM.

148 Vaillant (Jean-Baptiste-Philibert), 1851.

MM.

149 Maréchaux marqués G., sont groupés ensemble.— (Groupe de 8).

AMIRAUX

MM.

150 Armerot.

151 Bouët-Willaumez (Louis-Edouard), comte. — (G.)

152 Bouët (Adolphe).

153 Brouzine.

154 Casy (Joseph-Grégoire).

155 Cécile (Jean-Baptiste-Thomas, Médée). — (G). Ancien représentant.

156 Charner (Léonard-Victor-Joseph). — Ancien représentant.

157 Duff.

158 Dupetit-Thouars (Abel-Aubert).— (G.), membre de l'Institut.

159 Grivel (Jean-Baptiste). — (G.), ancien pair de France, 1845.

160 Guillois (Charles-Antoine-Gabriel), feu.— Ancien Conseiller d'Etat.

161 Hamelin (Ferdinand-Alphonse).—

162 Hernoux (Claude-Charles-Etienne), ancien député. — (G.)

163 Jannin. — (G.)

MM.

164 Jaurès. — (G.)

165 Jurien la Gravière (Jean-Pierre-Edmond). — (G.)

166 Legoarant de Tromelin (Louis-François-Marie-Nicolas).

167 Le Barbier de Tinan (Marie-Charles-Adelbert). — (G.)

168 La Roncière Le Noury (Clément, baron de.) — (G.)

169 Labrousse. — (G.)

170 La Susse (Regnault, baron de).

171 Parseval-Deschênes (Alexandre-Ferdinand), feu. — (G.)

172 Rich.

173 Trehouard (François-Thomas).

174 Valmont (de).

175 Bolle.

176 Bonard (Louis-Adolphe).

177 Lambert (Georges).

178 Romain-Desfossés (Joseph).

179 Amiraux (marqués G.), sont réunis en groupe de 15.

GÉNÉRAUX

MM.

180 Abadie.

181 Achard (Jacques, baron). — Sénateur.

182 Abrantès (Adolphe Junot, duc d')
feu.

183 Alexandre.

184 Allonville (Delave-Marie).

185 Ambert.

186 Argoust (d').

187 Aragon de Pitou (comte d').

188 Adleberg.

189 Bourbon-Chalus (comte de).

190 Becdelièvre.

191 Bataille (Jules).

192 Bazaine (François-Achille).

193 Bruno (Adrien, baron).

194 Beaufort d'Hautpoul (Charles-
Napoléon).

195 Bernelle.

196 Bougenel (Jean-François).

197 Bourgon (de).

198 Blanchard.

199 Berthier (de).

200 Barbier.

201 Beville (de).

202 Bentzmann. — Expédition de
Chine.

203 Byans (de).

204 Bretteville (de).

205 Boislecomte (Alexandre-Joseph,
vicomte de).

MM.

206 Bosco.

207 Brunet-Denon (baron de). — Ancien député.

208 Bourbaki (Charles-Denis-Sauter).

209 Cavaignac (Louis-Eugène). — Chef
du pouvoir exécutif en 1848, fils
du conventionnel.

210 Carrelet (Gilbert-Alexandre). —
Sénateur, membre du comité
supérieur de cavalerie.

211 Charon (Viala). — Sénateur, président du comité consultatif de
l'Algérie.

212 Camou (Jacques).

213 Clérambault.

214 Castries (de).

215 Chabaud-Latour (baron de). — Ancien député, commandant supérieur du génie en Algérie.

216 Chalons.

217 Chasseloup-Laubat (marquis de).
— Ancien représentant.

218 Courby de Cognord.

219 Crillon-Berton-des-Balbes (duc de).
— Ancien pair de France.

220 Chamberlac.

221 Changarnier (Nicolas-Anne-Théo-
dule). — Ancien représentant,
commandant supérieur de la
garde nationale de Paris en 1848.

MM.

222 Chaumont.
223 Comignan.
224 Cornemuse.
225 Clerc.
226 Clary (baron).
227 Cramayel (marquis de). — Sénateur.
228 Coffinière. — Directeur de l'Ecole polytechnique.
229 Courtigis.
230 Daigremont.
231 Delarue-Beaumarchais.
232 Damas (baron de). — Ancien ministre de 1824 à 1828.
233 Daumas (Melchior-Joseph). — Écrivain et sénateur.
234 Dumas.
235 Davoust.
236 Donay.
237 Decaen.
238 Durrieu (baron).
239 Duhesme (vicomte).
240 Drollenvaux.
241 Élio.
242 Espinasse (Esprit-Charles-Marie, feu). — Ancien ministre 1858.
243 Fénélon.
244 Fleury. — Aide de camp de S. M. l'Empereur.
245 Forton (marquis de).
246 Frossard. — Aide de camp de S. M. l'Empereur.
247 Fontenoy.
248 Forgeot.
249 Foltz.

MM.

250 Forester.
251 Gadot. — Sénateur.
252 Goyon (comte). — Aide de camp de l'Empereur, commandant la place à Rome.
253 Guyon.
254 Guiod.
255 Grand.
256 Grammont (feu Delmas de). — Ancien représentant.
257 Gudin.
258 Grénier.
259 Grouchy (marquis de). — Sénateur.
260 Grandchamp.
261 Hankey.
262 Hautpoul (marquis d'). — Sénateur, ancien ministre, ancien représentant, ancien député.
263 Hitte (de la). — Sénateur.
264 Hurbal (d').
265 Hautpoul (comte d'). — Grand référendaire du Sénat.
266 Jamin.
267 Jusuf. — Bey de Constantine.
268 Lamoricière (Juhault de). — Ancien membre et représentant du peuple.
269 Ladmiraut (de).
270 Lassere.
271 Lebœuf (Edmond). — Aide de camp de l'Empereur, membre du comité d'artillerie.
272 Legrand.
273 Levasseur (Polycarpe-Anne-Nicolas). — Sénateur.

MM.

274 Liniers (de).

275 Lion (comte).

276 Longuerue (Dehat, marquis de). — Attaché au cabinet du premier Consul en 1800.

277 Lion (E.).

278 Ligny (de).

279 Lavoestine (Alexis, marquis de). —Sénateur, petit-fils de Mme de Genlis, filleul de Louis-Philippe.

280 Lechesne.

281 Lebrun.

282 Leboron.

283 Lapérouse (Delmas de). — Petit neveu du célèbre navigateur.

284 Lyoutey (Hubert-Joseph). — Sénateur.

285 Lebreton (Eugène-Casimir). — Ancien représentant, député.

286 Le Flô (Adolphe - Emmanuel - Charles).—Ancien représentant.

287 Levaucoupey.

288 Larchey (François-Etienne).

289 La Rue (comte de). — Sénateur.

290 Marion.

291 Martimprey (de). — Ex-sous-gouverneur de l'Algérie.

292 Mellinet (Emile). — Fils d'un général de l'Empire.

293 Mollard.

294 Monnet (comte de).

295 Montebello (comte de).

296 Montfort (vicomte de).

297 Montréal (de), Allouveau (feu). — Sénateur.

MM.

298 Morris (Louis-Michel).

299 Motterouge (de la).

300 Montauban (Cousin). — Comte de Pelikao, sénateur.

301 Moskowa (Joseph-Napoléon Ney, prince de la). — Sénateur, fils du maréchal Ney, duc d'Elchingen, ancien pair de France.

302 Metman.

303 Mongin.

304 Manèque.

305 Mugout.

306 Morulaz.

307 Mélin.

308 Morin. — Directeur du Conservatoire des Arts-et-Métiers, mathématicien, membre de l'Institut.

309 Michelet.

310 Noue (vicomte de).

311 Négrier (André-Charles).—Ancien représentant.

312 Niol (Louis-Réné).

313 Noizet (vicomte de).

314 Oudinot (duc de Reggio). — Ancien représentant.

315 Ordener (Muel, comte). — Sénateur.)

316 Ornano (Philippe-Antoine, comte d'). — Sénateur.

317 Partouneaux (comte de).

318 Paté.

319 Paulin.

320 Polhès (baron de).

321 Pimodan (marquis de), feu.

MM.

322 Piat (Jean-Pierre, baron). — Sénateur.

323 Preuilly.

324 Polignac (Auguste-Gabriel, comte de).

325 Perrodon.

326 Parchappe (Charles-Jean-Baptiste). — Député.

327 Reynan.

328 Richepanse (baron de).

329 Ridouel.

330 Rohan-Chabot (duc de). — Prince de Léon.

331 Rose (Etienne-Hugues).

332 Rochebouët.

333 Répond.

334 Renault (Hippolyte-Publius). — Sénateur.

335 Rolland.

336 Rulhières (Joseph-Marcelin). — Ancien ministre et pair de France.

337 Rollin.

338 Saint-Priest (Marie de Guignard), vicomte de). — Diplomate.

MM.

339 Saint-Yvon.

340 Sauboul.

341 Soumain.

342 Sauvan.

343 Sol.

344 Suau.

345 Saint-Simont (duc de). — Sénateur.

346 Thiry (François - Augustin). — Sénateur.

347 Tinan (baron de).

348 Trochu (Louis-Jules).

349 Thomas.

350 Trotis.

351 Ulrich.

352 Vauban (de).

353 Vercly (de).

354 Vinoy.

355 Vassoigne (de).

356 Villiers (de).

357 Vignolles.

358 Waldner.

359 Wimpfen (Emmanuel-Félix, de).

360 Généraux réunis. (Groupe de 120).

ETAT - MAJOR

MM.

361 Oddallah. — Maréchal de logis des spahis.

362 Auclaire (de Saint).—Officier d'ordonnance de S. M. l'Empereur.

MM.

363 Brincourt (de).—Col^{l}. du 1er zouav.

364 Charras. — Colonel.

365 Chévigné (comte de). — Aide de camp du général Lamoricière.

MM.

366 Castelneau. — Colonel, aide de camp de S. M. l'Empereur.

367 Dupin (colonel). — Expédition de Chine.

368 Daudier. — Capitaine d'artillerie.

369 Ferraris. — Colonel.

370 Franconnière (de). — Colonel.

371 Gravillon (de). — Colonel.

372 Hulot. — Officier d'ordonnance de S. M. l'Empereur.

373 Hamelin. — Colonel.

374 Lebon-Desmottes. — Officier d'ordonnance de S. M. l'Empereur.

375 Lepic (comte). — Colonel, aide de camp de S. M. l'Empereur.

376 Lâge (baron de). — Lieutenant des chasses à tir.

377 Mercier. — Commandant des Cent-Gardes.

378 Moreno. — Colonel, commandant de Saint-Cyr.

379 Musnier de Mauroy. — Officier d'ordonnance de S. M. l'Empereur.

MM.

380 Marais (de). — Colonel.

381 Oppermann. — Commandant.

382 Quelen (vicomte de). — Officier d'ordonnance de S. M. l'Empereur.

383 Reille. — Colonel.

384 Reguis. — Colonel.

385 Ribous. — Colonel.

386 Stuard. — Major général.

387 Thierrion. — Colonel.

388 Vassart (baron de). — Officier d'ordonnance de S. M. l'Empereur.

389 Verly. — Lieutenant-colonel des Cent-Gardes.

390 Collection des décorations françaises. — Groupe.

3 1 *Collection de toute l'Armée française,* se composant de tous les types.

292 Ecole Polytechnique. — Quarante sujets.

393 Ecole centrale. — Cinquante-six sujets.

CLERGÉ

394 S. S. le pape Pie IX.

395 S. S. le pape Pie IX et sa cour.

En vente à la Centralisation de photographies, Ch. Segoffin, à Paris

LL. EE. MM. LES CARDINAUX

397 Antonelli.—Homme d'État italien.

398 Barnabo (A).

399 Bedini.

400 Bonald (de). — Archevêque de Lyon.

401 Billet. — Archevêque de Chambéry.

402 Chigi. — Nonce du Pape.

403 Donnet. — Archevêque de Bordeaux.

404 Dupont.—Archevêque de Bourges.

405 Gousset. — Archevêque de Reims.

406 Mérode. — Ministre de S. S. le Pape.

407 Morlot. — Archevêque de Paris.

408 Patrizzi. — Romain.

409 Reisach. — Romain, ex-nonce apostolique.

410 Viala. — Romain.

411 Wisemann. — Anglais.

MESSEIGNEURS

412 Affre (feu).—Archevêque de Paris.

413 Amanthou. — Evêque de Mossoul.

414 Aun (Tobie). — Archevêque de Beyrouth.

415 André. — Pronotaire apostolique.

416 Bastide (de la). — Evêque de Puebla (Mexique).

417 Bonnechose. — Archevêque de Rouen.

418 Boudinet. — Evêque d'Amiens.

419 Bouillerie (de la). — Evêque de Carcassonne.

420 Bernabou. — Evêque de Gap.

421 Bayley. — Evêque de Newark.

422 Bourget. — Evêque de Montréal.

423 Boutonnet. — Evêque de Basse-Terre.

424 Baudry (feu). — Evêque de Périgueux.

425 Bravard. — Evêque de Coutances.

426 Brunet (comte). — Camérier secret du Pape.

427 Casanelli. — Evêque d'Ajaccio.

428 Casasola. — Evêque de la Concordia (Vénitie).

429 Chalendon. — Archevêque d'Aix.

430 Cœur (feu). —Evêque de Troyes.

431 Cousseau.—Evêque d'Angoulême.

432 Cruice. — Evêque de Marseille.

433 Collet. — Evêque de Luçon.

434 Canon-Stowel. — Evêque anglais.

435 Caverot. — Evêque de Saint-Dié.

436 Delamarre.—Archevêque d'Auch.

437 Desprez. — Archevêque de Toulouse.

438 Doney. — Evêque de Montauban.

439 Dufêtre (feu). — Evêque de Nevers.

440 Devaucoux. — Evêque d'Evreux.

441 Dupanloup. — Evêque d'Orléans.

442 Dreux-Breze. — Evêque de Moulins.

443 Dubreuil. — Evêque de Vannes.

444 Dalton. — Evêque du Havre-de-Grâce.

445 David. — Evêque de Saint-Brieuc.

446 Domenec. — Evêque de Pittsburg.

447 Darboy. — Archevêque de Paris.

448 Desmazures-Thomines. — Evêque du Thibet.

448 *bis*. Danicourt. — Evêque d'Autiphelles (Australie).

449 Epivent. — Evêque d'Aire et d'Ax.

450 Fillion. — Evêque du Mans.

451 Fruchaud. — Evêque de Limoges.

452 Graverand. — Evêque de Quimper.

453 Goss. — Evêque de Liverpool.

454 Garibaldi (feu). — Nonce apostolique.

455 Gignoux. — Evêque de Beauvais.

456 Gill. Archevêque de Madras.

457 Hassoun. — Archevêque de Constantinople.

458 Ignace de Loyola. — Fondateur de la Compagnie de Jésus.

459 Iglesias (Thomas). — Patriarche de Venise.

460 Jacquemet. — Evêque de Nantes.

461 Jolly Mellan. — Evêque de Sens.

462 Kalbaconine. — Archevêque russe.

463 Kolosansky. — Archevêque russe.

464 Landriot. — Evêque de la Rochelle.

465 Larangeria.

466 Level. — Supérieur de Saint-Louis à Rome.

467 Lyonnet. — Evêque de Valence.

468 Langalerie. — Evêque de Belley.

469 Lynch. — Evêque de Torento,

470 Lecourtier. — Evêque de Montpellier.

471 La Rocque. — Evêque de Sainte-Hyacinthe.

472 Léonce. — Archevêque russe.

473 Lavigerie. — Evêque de Nancy.

474 La Tour-d'Auvergne. — Archevêque de Bourges.

475 Mannyng. — Evêque de Westminster.

476 Marguerie. — Evêque d'Autun.

477 Mazenod (feu). — Evêque de Marseille.

478 Montuoro (feu). — Evêque de Rovino (Italie).

479 Maret. — Evêque de Sura.

480 Maupoint. — Evêque de Saint-Denis de la Réunion.

481 Mengacci. — Evêque de Civita-Castellana.

482 Mouly. — Evêque de Pékin.

483 Mullock. — Evêque de Terre-Neuve.

484 Mabille. — Evêque de Versailles.

485 Mac-Gettigan. — Evêque de Raphol.

486 Martial. — Evêque de Saint-Brieuc.

487 Menjaud (feu). — Archevêque de Bourges.

488 Michel Alexandra. — Archevêque arménien de Jérusalem.

489 Nogret.—Evêque de Saint-Claude.

490 Nixon. — Evêque de Tasmanie (Australie).

491 Pallu du Parc.—Evêque de Blois.

492 Parisis. — Evêque d'Arras.

493 Pavy. — Evêque d'Alger.

494 Pie. — Evêque de Poitiers.

495 Pompaillier. — Evêque Calédonie (Nouvelle Zélande).

496 Palau. — Evêque de Barcelone.

497 Plantier.— Evêque de Nimes.

498 Palissadoff. — Archiprêtre de l'université russe.

499 Purcell. — Archevêque de Cincinnate.

500 Quélen (feu de). — Archevêque de Paris.

501 Ravinet. — Evêque de Troyes.

502 Rossat. — Evêque de Verdun.

503 Rousselet. — Evêque de Seez.

504 Rauscher.—Archevêque de Vienne (Autriche).

505 Ricciardi. — Archevêque de Reggio.

506 Rosset.

507 Saint-Marc. — Archevêque de Rennes.

508 Salzano. — Evêque de Tanesse (Italie).

509 Ségur (de). — Prélat romain.

510 Sergent. — Evêque de Quimper.

511 Sibour (feu). — Archevêque de Paris.

512 Sola. — Evêque de Nice.

513 Serra. — Evêque de Dosias.

514 Spacca-Pietra. — Archevêque de Smyrne.

515 Spencer. — Evêque de Glascow.

516 Saconi. — Ancien nonce apostolique.

517 Speridion Maddalonu. — Archevêque de Corfou.

518 Termarche. — Evêque d'Adras.

519 Turinaz. — Evêque de Tarentaise (Savoie).

520 Villecourt.

521 Vibert.. — Evêque de Saint-Jean-de-Maurienne (Savoie).

522 Valerga. — Patriarche de Jérusalem.

523 Varéa. — Evêque de Linarès.

524 Vecchiote. — Inter nonce apostolique.

525 Wasselieff. — Archiprêtre de l'ambassade Russe.

526 Woodhaal. — Evêque Anglais.

527 Wood.—Evêque de Philadelphie.

528 Wicart. — Evêque de Laval.

529 Whelau, Evêque d'Auréléople.

530 L'Evêque de Villemoun.

531 L'Evêque d'Hermopolis.

532 L'Evêque de Londres.

533 L'Evêque d'Exford.

534 L'Evêque de Soissons.

535 Episcopat. — Groupe de 40·

536 Mgr Dupanloup et ses conseillers. — Groupe de 28.

537 S. S. Léon X. — Pape.

538 S. S. Jules II. — Pape,

539 Les quatre derniers Papes. — Groupe.

540 Quélen (de). — Affre. — Sibour. — Morlot. — Groupe des quatre archevêques.

541 Affre. — Sibour. — Morlot. — Darboy. — Groupe des quatre archevêques.

541 *bis* Quélen (de).—Affre.—Sibour.—Morlot. — Darboy.—Groupe des cinq archevêques.

RÉVÉRENDS PÈRES

542 Angelvin.

543 Bernard.

544 Besson (Frère).

545 Bayonne (Frère).

546 Chambeau. — Dominic. de l'ordre des Frères prêcheurs.

547 Cléret. — Confesseur de la reine d'Espagne.

548 Captier.

549 Delatouche.

550 Debar- — Jésuite.

551 Etienne. — Supérieur des missionnaires de Saint-Vincent-de-Paul.

552 Enfantin.

553 Félix.

554 François.

555 Hermann.

556 Henriot,

557 Joachin. — Du Saint-Esprit.

558 Levasseur. — Supérieur général de la Miséricorde.

559 Leroy. — Dominicain des Frères prêcheurs.

560 Lacordaire (feu).—Supérieur des Dominicains.

561 Letellier.

562 Ligier.

563 Lyon.

564 Lecuyer.

565 Libanos. — Supérieur de l'école de Passy.

566 Millon.

567 Monsabrée.

568 Marie-Jourdain.

569 Martin. — Société de Marie.

570 Passaglia. — Dominicain.

571 Pantaléo. — Aumônier de Garibaldi.

572 Papetard. — Supérieur des missionnaires d'Afrique.

573 Petit. —R. P. de la Miséricorde.

574 Ravignan. — Prédicateur.

575 Ratisbonne.

576 Regis (dom François). — Pro. général de la Trappe.

577 Sicard. — Supérieur.

578 Soyard.

579 Thomas.

580 Tournelle.

581 Taborin (Gabriel).—Supérieur gé-
nér. des Frères de la Ste-Famille.

582 Ventura. — Supérieur général de
Théâtins.

MM. LES CURÉS

583 Adam de Saint-Remy.—Suresnes.

584 Alexandre. — Pantin.

585 Baudiau. — Dun-les-Places.

586 Bonnefoy. -- Saint (près Coulo-
miers.)

587 Borel. — Saint-Marcel-de-la-Mai-
son-Blanche.

588 Bourgeois.—Cathédrale de Nancy.

589 Bourgoin. — Saint-Augustin.

590 Bruyère. — Saint-Martin.

591 Brunel.—Sailly-Lorette (Somme.)

592 Beauvais (de). — Saint-Thomas-
d'Aquin (Paris.)

593 Choque. — Sainte-Marguerite.

594 Cauvain. — Saint-Denis.

595 Carbinal. — Chatellerault.

596 Cassabois.—Laferté-Sous-Jouarre.

597 Chanetier. --- L'Ile Adam.

598 Charles. — Crilly (Meuse).

599 Choquet. — Sancerre (Cher).

600 Cochard. — Château-Sous-Loire.

601 Colas. — Serre (Seine et-Marne).

602 Collomb. — Saint-Maur.

603 Coquand. — Saint-Eugène.

604 Coquereau. — Saint-Germain-de-
Charonne.

605 Deguerry. — Madeleine.

606 Delamarre. — Saint-Antoine.

607 Danillo. — Limay (près Nantes).

608 Doret. — Bretoncelles.

609 Dupont. — Luzois (Aisne).

610 Durand. — D'Orangis.

611 Espanet. — Bordeaux.

612 Fouquet. — Asnières (Eure).

613 Faudet. — Saint-Roch (Paris).

614 Guignard. — Saint-Eustache.

615 Gallet. — D'Atainville (Seine-et-
Oise).

616 Gaudreau. — Notre-Dame.

617 Gouche. — Vernon.

618 Grandjean. — Fontenay - aux -
Roses.

619 Granjux. — Thiais.

620 Great. — Rhanfort.

621 Grimot. — L'Ile Adam (Seine-et-
Oise).

622 Gros Stephan. — Choiseul (Seine-
et-Marne).

623 Halluin. — Guernay (Nord).

624 Hauton. — Bonneuil.

625 Henri. — Quarré - les - Tombes
(Yonne).

626 Hubaut de Malmaison. — Saint-
Louis-en-l'Ile.

627 Hamon. — Saint-Sulpice (Paris).

h28 Jarsuel. — Ville-Marchal (Seine-
et-Marne.

629 Jouen. — Evreux.

630 Lanoue (de). — Chevreuse.

631 Laroque. — Saint-Ambroise.

632 Lechat. — Neuvilette.

633 Leguillon. —Saint-Justin (Clichy).

634 Lesmayoux. — Notre - Dame de
Lagarde

635 Machet. — Everly (Seine - et - Marne).

636 Mongenest. — Issoudun.

637 Moreau. — Genouilly (Indre-et-Loire).

638 Martin Noirlieu. — Saint-Louis-d'Antin.

639 Millaut. — Bonne-Nouvelle.

640 Millet. — d'Argenteuil.

641 Moreaux (ch). — Saint-Médard (Paris).

642 Noël. — Chaillot.

643 Nourry. — Sens (Yonne).

644 Picard. — Créancy (Côte-d'Or).

645 Poitrier. — Des Ars.

646 Rugeau. — Noyon (Oise).

647 Roux. — Eponne.

648 Schrir. — Chatillon-sur-Bayonne.

649 Seraty. — D'Emery (Seine-et-Oise).

650 Sevestre. — Saint - Thomas , à Reims.

651 Simon. — Saint-Eustache.

652 Simon. — D'Arc.

653 Tourneur. — Sedan.

654 Trepier. — Commercy (Meuse).

655 Vallet. — Meudon.

656 Vié. — Saint-Gratien.

657 Vigne. — Aulnay (Seine - et - Marne).

658 Curé de Saint-Sulpice.

659   —   Saint-Roch.

660   —   Saint-Thomas d'Aquin.

MM. LES ABBÉS

661 Adrien. — Supérieur du Grand-Séminaire de Nancy.

662 Abbée. — Aumônier de l'Empereur.

663 Allain. — Aumônier de l'Empereur.

664 Bajou. — Vicaire de Sainte-Marie, des Batignolles.

665 Blanc. — Vicaire de Saint-Eugène.

666 Baron. — Aumônier de l'hôpital du Gros-Caillou.

667 Béal. — Vicaire à la Trinité.

668 Berard. — Vicaire à la Madeleine.

669 Bessière. — Vicaire à Saint-Eugène.

670 Bezolles. — Vicaire à Saint-Martin.

671 Bœuf. — Aumônier du Lycée Napoléon.

672 Bonhomme Lisson. — Aumônier de la manufacture des Gobelins.

673 Borie (de). — Groupe des abbés de Saint-Etienne-du-Mont.

674 Bouche. — Vicaire à Saint-Germain-Lauxerrois.

675 Bouge. — Vicaire à Sainte-Marie-des-Batignolles.

676 Bour. — Chanoine de Notre-Dame.

677 Bourdiolle. — Vicaire à Saint-Pierre-du-Petit-Montrouge.

En vente à la Centralisation de photographies, Ch. Segoffin, à Paris.

678 Bouroulet. — Secrétaire général de Mgr de Valence.

679 Bourquart. — Aumônier du Collége Rollin.

680 Boyer. — Vicaire à Neuilly.

681 Braconnet. — Aumônier de l'école communale à Commercy.

682 Breton. — Aumônier de Saint-Thomas à Saint-Germain-en-Laye.

683 Brunet. — Vicaire à Saint-Augustin.

684 Bruyère. — Aumônier du collége Rollin.

685 Bureau. — Professeur au séminaire de Saint-Sulpice.

686 Buron de Magny. — Secrétaire de Mgr de Bourges.

687 Burrier. — Vicaire à Saint-Roch.

688 Bonnefoy. — Prédicateur.

689 Berlioz.

690 Couillé. — Vicaire de Saint-Eustache.

691 Coquereau. — Aumônier de la marine.

692 Cousin. — Vicaire à Notre-Dame-de-Lorette.

693 Cutolli, — Maître des Cérémonies.

694 Cornubest. — Vicaire à Sainte-Marguerite.

695 Chevalier. — Professeur au Séminaire de Versailles.

696 Collardet. — Vicaire à Saint-Vincent-de-Paul.

697 Cadenet. — Vicaire de Monseigneur de Bourges.

698 Cachol. — Chanoine à Marseille.

699 Caron. — Doyen de Noailles.

700 Castain. — Doyen de Saint-Denis.

701 Cellier. — Vicaire à Saint-Méry.

702 Chalas. — Vicaire à Saint-Médard.

703 Champeau. — Suppléant de Notre-Dame de Ste-Croix-du-Mans.

704 Charles. — Vicaire à Saint-Eustache

705 Devèze. — Aumônier de l'Empereur.

706 Deleau.

707 Delcellier. — Secrétaire de Monseigeur de Vannes.

708 Delhom. — Aumônier du lycée Louis-le-Grand.

709 Delplas. — Vicaire à Saint-Roch.

710 Dubois. — Vicaire à Sainte-Clotilde.

711 Dufour. — Vicaire à Saint-Paul et à Saint-Louis.

712 Daumur. — Vicaire aux Blancs-Manteaux.

713 Dunand. — Secrétaire. de Monseigneur de Chambéry.

714 Duprez. — Vicaire à Saint-Jacques du Haut-Pas.

715 Epée (de L'). — Historique.

716 Esnault. — Vicaire à Sainte-Marguerite.

717 Faure de Sarran. — Vicaire à Notre-Dame de Lorette.

718 Fournier. — Vicaire à Saint-Eustache.

719 Foulon. — Directeur du petit Séminaire.

720 Gaume. — Vicaire général.

721 Gallet. — Vicaire à Saint-Roch.

722 Gauthier de Claubry. — Vicaire à Saint-Étienne-du-Mont.

723 Gay. — Vicaire à Montmartre.

724 Gilbert. — Vicaire général à Coutances.

725 Gourmand. — Vicaire à Saint-Martin.

726 Grenier. — Vicaire à Saint-Laurent.

727 Grivel. — Chanoine à Saint-Denis.

728 Gros. — Aumônier de la flotte.

729 Hugonnet. — Vicaire à Notre-Dame-de-Lorette.

730 Laisne.

731 Leclerc.

732 Lagarde. — Chanoine à l'archevêché.

733 Lecoq. — Vicaire de Saint-Vincent-de-Paul.

734 Lary. — Vicaire à Notre-Dame de la Gare-d'Ivry.

735 Lamennais. — Littérateur.

736 Lambert. — Aumônier des Sourds-et-Muets.

737 Lamazou. — Vicaire à la Madeleine.

738 Leca. — Chanoine à Ajaccio.

739 Lecomte. — Vicaire à Saint-Pierre du Petit-Montrouge.

740 Legam. — Vicaire de monseigneur de Montauban.

741 Lemée. — Secrétaire à l'archevêché.

742 Lemayne. — Vicaire à Sainte-Marie des Batignolles.

743 Lenormand. — Chef de l'institution à Neubourg.

744 Leraillé. — Vicaire général à Agen.

745 Lieulard. — Vicaire à Sainte-Eugénie.

746 Libanos. — Supérieur de l'école de Passy.

747 Laurichesse. — Vicaire de Saint-Thomas-d'Aquin.

748 Jamot. — Chanoine à Dijon.

749 Jouan. — Vicaire à Saint-Ferdinand.

750 Jourdan. — Vicaire à Noyon.

751 Jourdan. — Vicaire à la Madeleine.

752 Jourdan. — Vicaire à Saint-Denis-du-Saint-Sacrement.

753 Jouhan. — Vicaire à Évreux.

754 Kleinkauss (Michel). — Vicaire à La Villette.

755 Kleinkauss (Joseph). — Vicaire à Charonne.

756 Mullois. — Aumônier de l'Empereur.

757 Massard. — Vicaire de Saint Denis-du-Saint-Sacrement.

758 Morgno.

759 Magat. — Vicaire de monseigneur de Bonnald.

760 Mailly. — Vicaire de Saint-Vincent-de-Paul.

761 Maintenant. — Vicaire de Saint-Nicolas-des-Champs.

762 Marsali. — Vicaire aux Missions étrangères.

763 Marthe. — Supérieur du séminaire de Beauvais.

764 Masse. — Vicaire à Pontoise.

765 Massoni. — Vicaire à Saint-Eugène.

766 Mathieu. — Vicaire à Saint-Louis-en-Lisle.

767 Maurin. — Aumônier de la garde impériale.

768 Millet. — Vicaire à Saint-Pierre du Petit-Montrouge.

769 Montalent. — Vicaire à Saint-Ambroise.

770 Mondens.—Vicaire à Saint-Pierre de Montmartre.

771 Mourdin.

772 Naudin. — Vicaire à N.-D. de Bercy.

773 Noël. — Vicaire à Saint-Jacques du Haut-Pas.

774 Normand.—Vicaire à Saint-Roch.

775 Noailles (de)

776 Ouin la Croix. — Aumônier de l'Empereur.

777 Oudart. — Vicaire à Saint Remy.

778 Paloup.

779 Pavy. — Grand-Vicaire de Mgr d'Alger.

780 Peretti. — Vicaire à Saint-Augustin.

781 Péreyré. — Professeur à la Sorbonne.

782 Petit. — Vicaire à Saint-Eugène.

783 Petit-Poisson.—Chanoine à Nancy.

784 Peyre-Laborie. — Vicaire à Saint-Vincent-de-Paul.

785 Pons. — vicaire à Saint-Eugène.

786 Pottier. — Vicaire à Saint-Louis en l'Ile.

787 Quenecan. — Vicaire à Lanvallos (Côte-du-Nord).

788 Quig.

789 Rabion.—Archiprêtre d'Ambroise.

790 Ravailhe. — Vicaire à Saint-Thomas d'Aquin.

791 René. — Vicaire à Saint-Roch.

792 Ribens (feu de). — Aumônier de l'armée du Mexique.

793 Rougeux. — Vicaire à Rueil.

794 Rowier. — Vicaire aux Blancs-Manteaux.

895 Sauret. — Aumônier de l'Hôtel-Dieu.

796 Schellier. — Vicaire à Sainte-Marguerite.

797 Sanet.

798 Surat.—Vicaire-général, chanoine de Notre-Dame.

799 Sabattier. — Vicaire de Notre-Dame-de-Lorette.

800 Sabatier.—Vicaire de Saint-Pierre de Chaillot.

801 Sacerre.—Vicaire de Saint-Pierre de Montmartre.

802 Testory. — Vicaire de Notre-Dame.

803 Torquat. — Vicaire à Orléans.

804 Tresvaux du Freval. — Chanoine de Notre Dame.

805 Ugo Bassi. — Aumônier de Garibaldi.

806 Verdon. — Aumônier du Prince
Impérial.

807 Versini. — Amônier de l'Empereur.

808 Vèze. — Aumônier de l'Empereur.

809 Vénard. — Martyr du Japon.

810 Valeix. — Secrétaire-général de
Mgr de Limoges.

811 Varnet. — Vicaire de Saint-Eustache.

812 Vaugeois. — Vicaire de la Trinité.

813 Verdal. — Aumônier de la Légion
d'honneur.

814 Vernhes. — Professeur au Séminaire des Champs.

815 Vero. — Professeur du Séminaire
de Versailles.

816 Vidal. — Vicaire à Saint-Louis-
d'Antin.

817 Wicard. — Vicaire général de
Mgr de Laval.

FRÈRES DE LA DOCTRINE CHRÉTIENNE

818 Albert.

819 Athanase.

820 Athanasien.

821 Arthenase.

822 Ascliopodore.

823 Aubert.

824 Anaclet.

825 Amalie (Henri).

826 Allon (Marie).

827 Appolinien.

828 Baptistin.

829 Basilice.

830 Baudine.

831 Baudinier.

832 François de Salle.

833 Jean l'Aumônier.

834 Ifrodis.

835 Léopoldien.

836 Paulille.

837 Rassove

838 Casimir.

MINISTRES PROTESTANTS

839 Luther (Martin). — Premier chef
de la réforme. — 1500.

840 Calvin (Jean). — deuxième chef
de la réforme. — 1500.

En vente à la Centralisation de photographies, Ch. Segoffin, à Paris.

MM.

841 Melanchton (Philippe). — Chef de
réforme.
842 Grand (Pierre).
843 Abric-Encontre.
844 Bercier.
845 Coquerel.
846 Chonrod.

MM.

847 Dhombre.
848 Delile.
849 Fisch.
850 Juillerat.
851 Présence.
852 Rogon.
853 Schmidt.

INSTITUT

MM.

854 Audifret (d').
855 Barrot (Odilon).
855 Broglie (de).
857 Bertrand.
858 Baudullart.
859 Bernard (Claude).
860 Brunel de Presle.
861 Barthélemy (St-Hilaire).
862 Chignel.
863 Couderc.
864 Cousin (Victor).
865 Clément.
866 Cormenin (du).
867 Dumont.
868 Delille.
869 Duperry.
870 Dehèque.
871 Dupin.
872 Deville.
873 Egger.
874 Franck.
875 Giraud.

MM.

876 Haureau.
877 Husson.
878 Hélie (Faustin).
879 Jouffroy.
880 Julien (Stanislas).
881 Larbruyère (comte de)
882 Lelat.
883 Laborde.
884 Montagne.
885 Mohl.
886 Naudet.
887 Pougerille (Samson de).
888 Paullet.
889 Paris.
890 Pellat.
891 Pasteur.
892 Patin.
893 Parieu (de).
894 Renaud.
895 Renouard.
896 Renan.
897 Regnier (A).

MM.

898 Remie (Léon).
899 Reybaud.
900 Slanc (de).
901 Saint-Simon (duc de).
902 Saisset.

MM.

903 Thierry (Amédée).
904 Velpeau.
905 Vaitry.
906 Wallon.
907 Wallay (de).

SOMMITÉS

MM.

908 Audiffret (marquis d'). — Séna-
nateur, ancien pair de France,
(Institut).

909 Auber (l'abbé Charles). — Maître
de chapelle.

910 Aure (comte d'). — Ecuyer de
l'Empereur.

911 Aulaire (de Saint-). — Officier
d'ordonnance de l'Empereur.

912 Arago (François) feu. — Physi-
sique, astronomie (Institut).

913 Arlès-Dufour. — Chambre de commerce.

914 Baudullard. — Membre de l'Institut.

915 Baudon. — Président de la Société
de Saint-Vincent-de-Paul.

916 Broglie (Prince-Albert de). —
Académie.

917 Bastide. — Ministre des affaires
étrangères.

MM.

918 Boitelle. — Préfet de police.

919 Bassano (duc de). — Grand chambellan.

920 Barante (baron de). — Membre
de l'Institut, ancien pair de
France.

921 Barbaroux. — Sénateur, fils du
conventionnel (Girondin).

922 Butte (marquis de).

923 Bourée. — Ambassadeur de France
en Grèce.

924 Bearn (comte de). — Sénateur.

925 Bondurand. — Intendant de la
division de Paris.

926 Belloy (marquis de). — Poète.

927 Benoist-Champy. — Président du
tribunal de la Seine.

928 Babinet (Jacques). — Physicien,
membre de l'Institut.

729 Boreh (comte). — Grand maître
de cérémonies de la maison de
l'Empereur.

MM..

930 Boissy (marquis de). — Sénateur, ancien pair de France.

931 Benedetti (S. E.) — Ministre plénipotentiaire et envoyé extraord. de Paris à Turin.

932 Barrot (Ferdinand). — Sénateur, ancien ministre de l'intérieur.

933 Barrot (Adolphe). — Ambassadeur de France en Espagne.

934 Belbeuf (marquis de). — Sénateur.

935 Barthélemy St-Hilaire. — Membre de l'Institut, ancien représentant du peuple.

936 Bourqueney (baron de). — Sénateur, ancien ambassadeur de France à Vienne.

937 Brunet (comte). — Camerier secret de S. S. Pie IX.

938 Bourbon-Chalus (comte).

939 Broglie (duc de). — Membre de l'Académie, ancien pair de France.

940 Beville (de).

941 Belleyme (feu de). — Président de chambre.

942 Blanc (Adolphe). — Ancien député, inspecteur des bureaux de bienfaisance.

943 Blanc (Louis). — Homme politique, membre du gouvernement provisoire.

944 Batthyany (comtesse Arthur). — Née Julie Apraxine.

945 Breteuil (comte de). — Sénateur.

MM.

946 Chambord (Dieudonné d'Artois, duc de Bordeaux, comte de). — Fils du duc de Berri.

947 Chambord (comtesse de). — Marie-Thérèse Gaëtane, femme du précédent et fille du duc de Modène.

948 Caux (marquis de). — Ecuyer de l'Empereur.

949 Castries (duc de). — Ancien pair de France.

950 Cambacérès (duc de). — Sénateur, grand maître des cérémonies de l'Empereur.

951 Cassagnac (Granier de). — Publiciste et député, rédacteur du journal le *Pays*.

952 Carnot. — Ancien ministre 1848, fils de l'illustre conventionnel.

953 Cavaignac. — Chef du pouvoir exécutif 1848, fils du Conventionnel.

954 Champion (feu). — Dit l'homme au petit manteau bleu.

955 Chapuis-Montlaville (baron de). — Ancien député et représentant, sénateur.

956 Chasseron (baron de). — Ancien député, sénateur.

957 Clary (baron).

958 Croix (marquis de). — Sénateur.

959 Cuvier (baron feu). — Célèbre naturaliste, ancien pair de France.

960 Clermont-Tonnerre (duc de). — Anc. ministre et pair de France.

MM.

961 Chevalier (Michel). — Membre de l'Institut, ancien député.

962 Chevalier (Emile).

963 Congrès de Paris (1856). — Groupe.

964 Casabianca (comte de). — Sénateur.

965 Denière. — Juge au tribunal de commerce de la Seine.

966 Duchatel (comte). — Ancien ministre du commerce 1834 et pair de France.

967 Dumas. — Chimiste, membre de l'Institut, sénateur.

968 Decazes (duc de). — Ancien ministre de l'intérieur 1818.

969 Douglas (marquis de). — Duc d'Hamilton, pair d'Angleterre.

970 Dupin aîné. — Ancien président de la Chambre des députés, membre de l'Institut, sénateur.

971 Darricau (baron). — Administrateur et conseiller titulaire.

972 Dupotet (baron). — Magnétiseur.

973 Doret. — Sénateur.

974 Escayrac de Lauture (comte). — Expédition aux sources du Nil.

975 Edgar Ney (comte). — Général, sénateur, aide-de-camp et premier veneur de l'Empereur.

976 Empis. — Membre de l'Institut, inspecteur général des bibliothèques.

977 Fortoul. — Ancien ministre de la marine 1851 et sénateur.

MM.

978 Falloux (vicomte de). — Ancien ministre de l'instruction publique 1848, membre de l'Académie.

979 Flahaut de la Bellarderie (comte de). — Ancien pair de France, général et sénateur, ambassadeur à Londres.

980 Forcade de la Roquette (de). — Ministre des finances, frère du maréchal de Saint-Arnaud.

981 Flourens. — Ancien pair de France, professeur au collège de France, secrétaire perpétuel de l'Académie.

982 Favre (Ferdinand). — Ancien représentant et député 1848.

983 Feuillet de Conches (baron). — Chef du protocole, maître des cérémonies.

984 Forton (marquis de).

985 Franck. — Membre de l'Institut, vice président du consistoire israélite.

986 Flamarens (comte de Grosolles. — Sénateur.

987 Garnier-Pagès. — Membre du gouvernement provisoire et ancien ministre 1848.

988 Grammont (marquis de). — Représentant du peuple 1848, Aujourd'hui député.

989 Gautier. — Secrétaire général.

MM.

990 Goulhot de Saint-Germain (de),— Sénateur.

991 Galoppe d'Onquaire. —Revue des beaux-arts, maison de l'Empereur.

992 Guéronnière (vicomte de la). — Ecrivain, sénateur.

993 Girardin (Mme Emile). — Veuve du prince Frédérick de Nassau.

994 Gérard (Jules). — Capitaine de Spahis, tueur de lions.

995 Germiny (comte de). — Ancien ministre des finances 1851, régent de la Banque de France.

996 Georges (comte de St).

997 Gros (baron). — Sénateur, ambassadeur de France en Chine.

998 Gatezowski. — Président du conseil d'administration de l'école polonaise.

999 Gaujal (baron de). — Ancien magistrat et député.

1000 Gérusez. — Secrétaire de l'Académie des belles lettres.

1001 Guizot. — Ancien ministre 1830, 1836, 1848, membre de l'Institut.

1002 Groulhot de Saint-Germain. — Sénateur.

1003 Guiffrez. — Ex-Grand maître de l'ordre des francs-maçons.

1004 Gasc. — Sous-préfet 1863.

1005 Glandaz (Sigism.) — Président honoraire de la chambre des avoués.

1006 Grange (marquis de la). — Sénateur.

1007 Gramont (duc de Guiche). — Ex ambassadeur à Rome 1857.

1008 Gramont (Ferdinand comte de). — Poète français.

1009 Harrimont (marquis d'). —Chambellan de l'Empereur.

1010 Hitte (général, vicomte de la).— Sénateur.

1011 Heeckeren (baron d'). — Sénateur.

1012 Hébert. — Ancien ministre de la justice 1847, avocat.

1013 Hulot. — Maison de l'Empereur.

1014 Jubinal (Achille). — Fondateur de la Société académique des Hautes-Pyrénées.

1015 Joigneaux (Pierre). — Agronome.

1016 Jus (baron de la). — Maître de cérémonies de la maison de l'Empereur.

1017 Lagrénée (S. Exc. de). — Ancien pair de France et ministre administrateur du chemin de fer du Nord.

1018 Lévis (duc de), feu. —Ancien pair de France, aide-de-camp du duc d'Angoulême, 1814.

1019 Londonderry (marquis de). — Pair d'Angleterre.

1020 Luynes (duc de). —Archéologue, ancien député 1851, ancien représentant 1848, membre de l'Institut.

MM.

1021 Lella (duc de).

1022 Lebon Desmottes.—De la maison de l'Empereur.

1023 Lejeune (baron). — Ecuyer de l'Empereur.

1204 Lesseps (Ferdinand de). — Percement de l'isthme de Suez.

1025 Larochejaquelin (Marquise de). —Veuve de Lescure (vendéen) 1790 et du marquis de Larochejaquelin 1815.

1026 Larochejaquelin (marquis de). — Sénateur.

1027 Larochejaquelin (comte de). — Général, oncle du précédent.

1028 Lacrosse (baron de). — Sénateur ancien représentant.

1029 Lamoricière (Mme de). — Femme du général Lamoricière.

1030 Lamartine. — Illustre poète, ancien ministre en 1848.

1031 Leroux (Pierre). — Ancien représentant, philosophe et économiste.

1032 Laffitte (Charles). — Banquer.

1033 Larochefoucaud (duc de). — Ancienne famille datant de 1517.

1034 Latour Maubourg (marquis de). — Ancien pair de France.

1035 Luxembourg-Montmorency (de). — Ancien pair de France.

MM.

1036 Lutheroth (de).

1037 Lecoq (Jules). — Maître des cérémonies de la maison de l'Empereur.

1038 Larabit. — Sénateur, ancien représentant du peuple.

1039 Lyautet. — Sénateur.

1040 Ladoucette (de). — Sénateur, ancien représentant du peuple.

1041 Lefranc (Victor). — Avocat et ancien représentant du peuple.

1042 Lambert (N. duc d'Emyrue). — Négociant français, premier ministre de Madagascar.

1043 Latour-du-Pin (marquis de). — Ecuyer de l'Empereur.

1044 Montebello (duc de). — Général aide-de-camp de l'Empereur.

1045 Montebello (duchesse de).—Dame d'honneur de l'Impératrice.

1046 Mocquart. — Secrétaire intime et chef du cabinet de l'Empereur.

1047 Morio de l'Isle. — Préfet.

1048 Mallet. — Sénateur.

1049 Morny (comte de).— Ancien ministre 1852, président du Corps législatif.

1050 Morny (comtesse de). — Née Troubeskoï (Russie).

1051 Marie. — Ancien représentant du peuple, ancien ministre.

MM.

1052 Martin-Bernard.—Ancien représentant du peuple.

1053 Montalembert (comte). — Ancien pair de France, ambassadeur, député et membre de l'Académie.

1054 Maupas (de). — Sénateur, ancien ministre 1852.

1055 Montesquiou (comte de).—Ancien pair de France.

1056 Montalivet (comte de). — Ancien ministre membre de l'Institut.

1057 Moskowa (prince de la).—Sénateur, fils du maréchal Ney, duc d'Elchingen.

1058 Moustier (S. Exc. marquis de).

1059 Malakoff (duchesse). — Femme du maréchal Pélissier.

1060 Michel Chevalier.—Institut, conseiller d'Etat, ancien député.

1061 Mirès. — Banquier.

1062 Mérimée. — Sénateur.

1063 Noailles (duc de). — Membre de l'Académie.

1064 Nieuwerkerke (comte de). — Statuaire, membre de l'Institut, directeur général des Musées.

1065 Naudet. — Institut.

1066 Arnano (comte d'). — Général, sénateur.

1067 Arden (baron). — Général, sénateur.

1068 Oullman. — Grand rabin (Israélite).

1069 Persigny (comte de).—Sénateur, ancien ministre.

MM.

1070 Padoux Orrighi de Canova (duc de). — Ancien ministre, sénateur, maître des requêtes.

1071 Patterson père (L.-B.).—Jérôme-Napoléon Bonaparte, né en 1805.

1072 Patterson fils (Ch.). — Jérôme Bonaparte, né en 1832, officier aux chasseurs d'Afrique.

1073 Pidal (marquis de).

1074 Pierres (baron de). — Premier écuyer de l'Impératrice.

1075 Pourtalès (comte de).—Conseiller d'Etat.

1076 Pillet-Will (comte).— Fondateur de la Caisse d'épargne, régent de la Banque de France.

1077 Pasquier (duc).—Ancien ministre 1817, ancien président de la Chambre des députés 1816, chancelier en 1837, membre de l'Académie.

1078 Péreire (Emile). — Banquier.

1079 Proud'hon. — Ancien représentant du peuple.

1080 Parfait (Noël). — Ancien représentant du peuple.

1081 Royer (de). — Sénateur, ancien ministre 1857.

1082 Rambuteau (comte de). — Administrateur, ancien pair de France, membre de l'Institut.

1083 Rayneval (baron de). — Ancien ambassadeur de France à Saint-Pétersbourg.

MM.

1084 Richemont (baron de). — Sénateur, ancien député.

1085 Rogier (S. E M. Firmin). — Diplomate.

1086 Rotschild (baron James de). — Banquier, fondateur de la nouvelle synagogue et de l'hospice Picpus.

1087 Roche (Léon). — Ambassadeur.

1088 Sauvage. — Inventeur de l'hélice 1812.

1089 Sibuet. — Aide des cérémonies de la maison de l'Empereur.

1090 Ségur d'Aguessau (comte de). — Sénateur.

1091 Stadler (de) — Inspecteur général des archives.

1092 Solms (princesse de). née Bonaparte.

1093 Sauvage. — Directeur du chemin de fer de l'Est.

1094 Siméon. — Sénateur.

1095 Saint-Simon (duc de). — Sénateur.

1096 Saulcy (de). — Sénateur.

1097 Stourm. — Sénateur.

1098 Thiers. — Membre de l'Insritut, ancien ministre 1840.

1099 Turgot (marquis de). — Sénateur, ancien ministre 1851.

1100 Turgot (marquise de). — Femme du précédent.

MM.

1101 Talleyrand (baron de). — Ambassadeur de France à Turin.

1102 Theynard (baron) L. Jacques. — Célèbre chimiste, membre de l'Institut.

1103 Taylor (baron). — Membre de l'Institut.

1104 Tascher de la Pagerie (comte de). — Sénateur, grand maître des cérémonies de l'Impératrice.

1105 Toulongeon (marquis de). — Sénateur.

1106 Latour-Maubourg (marquis de). — Ancien pair de France.

1107 Latour du Pin (marquis de). — Ecuyer de l'Empereur.

1108 Tourangin. — Sénateur.

1109 Thierry (Amédée). — Sénateur, ancien conseiller d'Etat.

1110 Thayer (A.) — Sénateur.

1111 Thiry. — Sénateur.

1112 Uzès (duc d'). — Ancien député.

1113 Varaigne du Bourg (baron de). — Préfet.

1114 Vassart (baron de).

1115 Villamarina (marquis de). — Ancien ambassadeur de Sardaigne.

1116 Vaserre (Jacques).—Economiste.

1117 Viel-Castel (baron de). — ancien ministre 1849.

1118 Waleska (comtesse). — Femme de M. le comte Waleski, ministre des affaires étrangères.

MM.

1119 Wyse Bonaparte.

1120 Sommités contemporaines. — Groupe de 321 personnages.

MM.

1121 Sommités (dames). — Groupe de 47.

1122 Famille Chambord et de Parme. — Groupe de 9.

DÉPUTÉS

AU CORPS LÉGISLATIF

1123 M. le duc de Morny. — Président.

MM.

1124 Abattucci.—Corse.

1125 Andelarre (marquis d').—Haute Saône.

1126 Ayme. — Vosges.

1127 Arlès-Dufour. — Lyon.

1128 Bartolini. — Haute-Saône.

1129 Belleyme (Adolphe de). — Dordogne.

1130 Bourcier de Villiers (comte de). — Vosges.

1131 Brobhant de Villiers. — Seine-et-Oise.

1132 Brunet Denon (général baron de). — Saône-et-Loire.

1133 Belmontet. — Tarn-et-Garonne.

1134 Brame. — Nord.

1135 Champagny (comte Nap. de). Morbihan.

1136 Cafarelli (comte de). — Ile-et-Vilaine.

MM.

1137 Cazelles. — Hérault.

1138 Choques. — Nord.

1139 Conseil. — Finistère.

1140 Corneille. — Seine-Inférieure.

1141 Corta. — Landes.

1142 Darblay jeune. — Seine-et-Oise.

1143 David (Ferdinand). — Deux-Sèvres.

1144 Doumet. — Hérault.

1145 Drouot. — Meurthe.

1146 Du Marrais (colonel). — Loire.

1147 Duplan. — Haute-Garonne.

1148 Durand (Justin). — Pyrénées-Orientales.

1149 Devinck. — Seine.

1150 Darimont. — (G.)

1151 Dubois.

1152 Eschasseriaux (baron d'). — Charente-Inférieure.

1153 Flavigny. — Indre-et-Loire.

1154 Faugier. — Isère.

1155 Fleury (Anselme). — Loire-Inférieure.

MM.

1156 Favre (Jules). — (G.)

1157 Girou de Buzareingues. — Aveyron.

1158 Granier de Cassagnac. — Gers.

1159 Gouin. — Indre-et-Loire.

1160 Guyard-Delalain. — Seine.

1161 Gorrec (Le). — Côtes-du-Nord.

1162 Guéroult (A.) — (G.) Seine.

1163 Hamel (comte du). — Deux-Sèvres.

1164 Hébert. — Aisne.

1165 Havin. — (G.) Seine.

1166 Kolb Bernard. — Nord.

1167 Kœnigswarter. — Seine.

1168 Lebreton. — Vendée.

1169 Ledier. — Seine-Inférieure.

1170 Lemaire. — Oise.

1171 Lescuyer-d'Alainville. — Var.

1172 Louvet. — Maine-et-Loire.

1173 Las-Cases (comte de). — Maine-et-Loire.

1174 Leroux (Charles).

1175 Lemercier (comte) Anatole.

1176 Morgan (de). — Somme.

1177 Murat (comte). — Lot.

1178 Monnier de la Sizeraine. — Drôme.

MM.

1179 Nesle (comte de). — Cher.

1180 Nogent-Saint-Laurent. — Loiret.

1181 Ollivier (Emile). — (G.) Seine.

1182 Ornano (comte d'). — Yonne.

1183 Parchappe (général). — Marne.

1184 Pissard. — Haute-Savoie.

1185 Pouyer-Quertier. — Seine-Inférieure.

1186 Picard. — (G.) Seine.

1187 Pelletan (Eugène). — (G.) Seine.

1188 Quesné. — Seine-Inférieure.

1189 Ravinel (baron de). — Vosges.

1190 Reguis (colonel). — Basses-Alpes.

1191 Riencourt (comte de). — Somme.

1192 Rambourg de Commentry. — Allier.

1193 Simon (Jules). — (G.) Seine.

1194 Taillefer. — Dordogne.

1195 Tesnières. — Charente.

1196 Thierron (colonel). — Gironde.

1197 Toulongeon (comte de). — Jura.

1198 Thiers. — (G.) Seine.

1199 Voruz. — Loire-Inférieure.

1200 Députés (marqués G). — Seine. Groupe de 9.

BARREAU

MM.

1201 Allon.

1202 Avond (Aug.) — Ancien représent.

MM.

1203 Berryer (Pierre-Antoine). — Institut. Académie. Bâtonnier.

En vente à la Centralisation de photographies, Ch. Ségoffin, à Paris.

MM.

1204 Baille.

1205 Bertin (Jean - Louis - Henry). — Ancien rédacteur en chef du journal le *Droit*.

1206 Bac.

1207 Caraby.

1208 Crémieux (Isaac - Adolphe). — Ancien ministre et membre du gouvernement provisoire.

1209 Cazelas.

1210 Chalendon.

1211 Chaix-D'Estanges (Adolphe-Victor - Charles). — Procureur général, Bâtonnier, Conseiller d'Etat.

1212 Da.

1213 Desmarest (Ernest-Léon-Joseph). — Membre du conseil de l Ordre.

1214 Duval (Léon-Pierre-Sophie). — Membre du conseil de l'ordre.

1215 Dupin (André - Marie - Jean), dit Dupin aîné. — Procureur général , Institut , Bâtonnier , ancien Président de la chambre des Députés.

1216 Dufaure (Jules-Arnaud-Stanislas). — Ancien ministre et ancien représentant.

1217 Delaboulaye.

1218 Favre (Jules-Claude-Gabriel). — Ancien représentant, député.

1219 Floquet (Charles).

1220 Freslon (Alexandre). — Ancien ministre, ancien représentant.

1221 Gastineau.

MM.

1222 Godard.

1223 Jousselin. — Substitut du Procureur impérial.

1224 Lachaud (Charles-Alexandre) — Membre dn conseil de l'ordre.

1225 Lefranc (Victor-Edouard-Eme). — Ancien représentant, Commissaire général de la république.

1226 Mancel. — Procureur impérial.

1227 Marie (Alexandre - Thomas). — Ancien ministre, ancien représentant, Bâtonnier.

1228 Mathieu (Pierre). — Ancien représentant.

1229 Maure. — Procureur impérial.

1230 Nogent - Saint - Laurent (Joseph-Jules-Henri). — Député.

1231 Nicolet.

1232 Ollivier (Emile). — Ancien commissaire général de la République, député.

1233 Paillard de Villeneuve (Adolphe-Victor). — Rédacteur en chef de la *Gazette des Tribunaux*, membre du Conseil de l'ordre.

1234 Picard (Ernest-Louis-Joseph). — Député.

1235 Pinard (Marie-Oscar). — Avocat-général.

1236 Plocque (Jean - Alexandre). — Membre du conseil de l'ordre bâtonnier.

1237 Rochefontaine (de la). — Procureur impérial.

MM.	MM.
1238 Sénard (Antoine-Marie-Jules). — Président de l'Assemblée constituante 1848, ancien ministre.	1239 Subercaze.
	1240 Sallé. — Avocat-général.
	1241 Trouillebers.

PROFESSEURS DE L'ÉCOLE DE DROIT

MM.	MM.
1242 Beudant.	1254 Giraud.
1243 Batbie.	1255 L'Abbé.
1244 Bufnois.	1256 Machelard.
1245 Bugniel.	1257 Oudot.
1246 Bonnier.	1258 Ortoland.
1247 Colmel d'Aage.	1259 Pellat.
1248 Colmel de Santerre.	1260 Quatran.
1249 Chambellan.	1261 Royer-Collard.
1250 Duverger.	1262 Rataud.
1251 Duranton.	1263 Valette.
1252 Demangat.	1264 Vernet.
1253 Gide.	1265 Valroger (de).

MÉDECINS ET CHIMISTES

MM.	MM.
1266 Archambault. — Directeur de la maison de santé à Charonne.	1268 Audé.
1267 Aubert. — Chef de service médical de la Compagnie de l'Ithsme de Suez.	1269 Arnal.
	1270 Auroux (L.-T.) — Anatomiste.
	1271 Aubin-Desfourgerais. — Vénerie de l'Empereur.

En vente à la Centralisation de photographies, Ch. Ségoffin, à Paris.

MM.

1272 Bourdin.
1273 Bouchal.
1274 Beauvais (de). — Chef de clinique à l'Hôtel-Dieu, médecin de Mazas.
1275 Burdel.
1276 Bernutz.
1277 Balmand.
1278 Bellantani.
1279 Bergeron.
1280 Blache. — Professeur à la Faculté.
1281 Blot.
1282 Boulongne.
1283 Broussais (feu). — Professeur en chef du Val-de-Grâce.
1284 Buron.
1285 Beyran. — Ambassade Turque.
1286 Bourdon. — Membre de l'Académie de médecine.
1287 Brière de Boismont. — Académie des sciences.
1288 Becquerel (Edmond) fils. — Chimiste.
1289 Boulbène (de la).
1290 Bauchet.
1291 Blain des Cormiers.
1292 Boncourt.
1293 Becquerel père.
1294 Cabarrus.
1295 Chargés.
1296 Costilles. — Service impérial.
1297 Corvizart. — Aux Tuileries.
1298 Campbell.
1299 Chaisis (de).
1300 Combe.
1301 Costilhes.
1302 Charlandus.

MM.

1303 Conneau. — Premier médecin de S. M. l'Empereur.
1304 Chauffard.
1305 Cambey.
1306 Caudmont.
1307 Chettai.
1308 Dumas. — Chimiste, Institut.
1309 Duval. — Orthopédiste, lauréat de l'Institut.
1310 Daniel.
1311 Daverne.
1312 Daumas.
1313 Delpech. — De la Maternité.
1314 Deltil.
1315 Denis.
1316 Deschamps.
1317 Destouches.
1318 Domeric.
1319 Donadieu.
1320 Dreyfus.
1321 Dubois. — Membre de l'académie de médecine.
1322 Dufour. — Membre de l'Académie des sciences.
1323 Ducommun.
1324 Deleau. — De l'Hospice des orphelins.
1325 Delioux de Salignac.
1326 Duchesne de Boulogne. — Créateur de l'électrothérapie.
1327 Desten. — Homéopathe.
1328 Desmarres. — Oculiste.
1329 Duchaussoy.
1330 Dupré.
1331 Ehrmann. — Doyen de la Faculté de Strasbourg.
1332 Escallier. — Homéopathe.

MM.

1333 Faucher.
1334 Fauvel.
1335 Fremy. — Chimiste.
1336 Fattet. — Dentiste.
1337 Gallard.
1338 Gaudin.
1339 Genier.
1340 Giboin.
1341 Grand-Boulogne (de).
1342 Guès.
1343 Gall.
1344 Gendrin. — De la Pitié.
1345 Grisolle. — De l'Hôtel - Dieu (membre de l'Académie).
1346 Gosselin.
1347 Guirette.
1348 Guérin. — Orthopédiste (membre de l'Académie).
1349 Hiffelsheim.
1350 Houel. — Conservateur du musée Dupuytren.
1351 Hacklaender.
1352 Huguier. — Chirurgien en chef de l'hospice Beaujon.
1353 Hume.
1354 Jaulerie.
1355 Jamin.
1356 Jobert de Lamballe. — Chirurgien de l'Empereur. (Institut et Académie.)
1357 Laboulbène (de).
1358 Lamotte.
1359 Lauggier. — Professeur à l'Ecole de Médecine.
1360 Lebaudy.

MM.

1361 Lebel.
1362 Leblanc. — Vétérinaire, membre de l'Académie.
1363 Leboucher.
1364 Legrand. — Du bureau de bienfaisance du Xe arrondissem.
1365 Lepetit.
1366 Levacher.
1367 Lévy-Michel. — Médecin chef à l'armée d'Orient. (Académie.)
1368 Larrey (baron). — Chirurg. chef de l'armée d'Italie (chirurg. de l'Empereur).
1369 Lacronique.
1370 Levasseur.
1371 Lecointre.
1372 Langlebert.
1373 Le Bret.
1374 Lethiers.
1375 Lavater.
1376 Lehaudey.
1377 Lelut.
1378 Mallat de Bazelan.
1379 Magne. — Occuliste.
1380 Mengauld.
1381 Menière. — Sourds-et-Muets.
1382 Mesnot.
1383 Mier (Jacques).
1384 Millon. — Chimiste, chirurgien et pharmacien en chef à Alger.
1385 Morel.
1386 Mottet.
1387 Meusnier. — Auteur médical.
1388 Melier.
1389 Monnier.

MM.

1390 Marck.
1391 Meyrangue.
1392 Moquin-Tandon.
1393 Nérat.
1394 Nitard-Ricord.
1395 Nivert. — Maternité.
1396 Nélaton. — Profess. de clinique chirurgicale. (Académie.)
1397 Oulmont.
1398 Orfila. — Chimiste, anatomiste.
1399 Ortolan. — Faculté de Droit.
1400 Pajot. — Professeur officiel d'accouchem. à la Faculté de Paris.
1401 Pean.
1402 Philippeaux.
1403 Pigache.
1404 Piorry. — Professeur de clinique à la Faculté et à La Charité. (Académie.)
1405 Parasjaval.
1406 Pidoux.
1407 Pelletan.
1408 Partridge. — Chir. de Garibaldi.
1409 Péligot. — Chimiste, membre de l'Institut.
1410 Puch.
1411 Piogey.
1412 Rapatel.
1413 Renaud.
1414 Renouard.
1415 Reveil.
1416 Ruhard.
1417 Ricque.
1418 Rivaud.
1419 Roger (H.). — Professeur de clinique.

1420 Rossignol.
1421 Rostan. — Profess. à la Faculté, membre de l'Académie.
1422 Ricord. — Chirurgien en chef de l'hospice du Midi. (Académie.)
1423 Rouget.
1424 Robin.
1425 Saint-Amand (de).
1426 Sichel. — Occuliste.
1427 Sorrel.
1428 Senac.
1429 Talon.
1430 Tardieu (Ambroise). — Méd. en chef de Lariboissière, membre de l'Académie.
1431 Touveray.
1432 Trousseau. — Médecin de l'Hôtel-Dieu, membre de l'Académie.
1433 Trélat. — Ancien ministre des trav. publ., 1848. (Salpétrière.)
1434 Thénard (baron). — Chimiste, membre de l'Institut.
1435 Tessier.
1436 Toirac.
1437 Velpeau. — Chirurgien, membre de l'Institut et de l'Académie.
1438 Vernois. — Médecin de l'hôpital Necker, médecin consultant de l'Empereur.
1439 Villette de Tirzé.
1440 Voillemier. — Chirurgien de Lariboisière.
1441 Veyne.
1442 Vriès. — Docteur Noir.
1443 Vallerand.

MM.
1444 Vigla.
1445 Woilez.

MM.
1446 Yvan (baron). — Chirurgien militaire.

PEINTRES - SCULPTEURS

MM.
1447 Amoureux. — Peintre.
1448 Arnaulde. — Peintre.
1449 A-del-Sarthe (André-Vannucchi, dit). — Peintre italien (1500).
1450 Abel de Pujol. — Peintre.
1451 Annibal Carrache. — Peintre italien (1600).
1452 Aizelain. — Sculpteur.
1453 Barsotti (M^m). — Peintre.
1454 Batut. — Peintre.
1455 Baudit. — Peintre.
1456 Bellel. — Peintre.
1457 Bossette. — Peintre.
1458 Brown. — Peintre,
1459 Baudry (Paul). — Peintre.
1460 Boulanger (Louis). — Peintre.
1461 Berthal. — Peintre.
1462 Bonheur (Mme Rosa). — Peintre.
1463 Brager (Durand). — Peintre.
1464 Beaucé. — Peintre.
1465 Beaudet (Amédée). — Peintre.
1466 Beaudet (André). — Peintre.
1467 Bay (de). — Peintre.
1468 Bouguet (Émile). — Peintre.
1469 Brochart. — Peintre.

MM.
1470 Bravo Murillo. — Peintre.
1471 Bida. — Peintre.
1472 Barrière. — Peintre.
1473 Benassis. — Dessinateur.
1474 Baunaffé. — Sculpteur.
1475 Baugnier. — Peintre.
1476 Court. — Peintre.
1477 Couderc. — Peintre (Institut).
1478 Corrége (Antoine-Allegri, dit le). — Peintre italien (1530).
1479 Canova (Antoine). — Sculpteur italien (1820).
1480 Charpentier. — Peintre.
1481 Chavet (Art-Victor). — Peintre.
1482 Corot. — Peintre.
1483 Courbet. — Peintre.
1484 Couture. — Peintre.
1485 Cambos. — Sculpteur.
1486 Chabraux. — Sculpteur.
1487 Clésinger. — Sculpteur.
1488 Cordier. — Sculpteur.
1489 Cavelier. — Sculpteur.
1490 Creissels. — Sculpteur.
1491 Ciceri. — Peintre.
1492 Cham (de Noé). — Dessinateur.

MM.

1493 Cabanel. — Peintre.
1494 Cervantes. — Peintre.
1495 Chiquier. — Peintre.
1496 Cogniet. — Peintre.
1497 Carpentier. — Graveur.
1498 Carrier. — Sculpteur.
1499 Clerc. — Sculpteur.
1500 Cuisinier. — Dessinateur.
1501 Corlambert (Richard). — Géographe.
1502 Dallemagne. — Peintre.
1503 Daubigny. — Peintre.
1504 Decamps. — Peintre.
1505 Delacroix (Eugène). — Peintre (Institut).
1506 Delaroche (Paul). — Peintre.
1507 Doré (Gustave). — Peintre.
1508 Dreux (A. de). — Peintre.
1509 Droling. — Peintre. (Institut.)
1510 Dufays. — Peintre.
1511 Dauzats. — Peintre.
1512 Durand-Brager. — Peintre.
1513 David. — Peintre.
1514 Dubufe. — Peintre.
1515 Damier. — Dessinateur.
1516 David (d'Angers). — Sculpteur.
1517 Dantan. — Sculpteur.
1518 Durand (Ludovic). — Sculpteur.
1519 Darjou (Alfred). — Peintre.
1520 Dumaresq (Armand). — Peintre.
1521 Desmaisons. — Lithographe.
1522 Fornarina. — Modèle de Raphaël.
1523 Failly (de). — Peintre.
1524 Fleury (Robert). — Peintre.
1525 Fusino (Henri). — Peintre.
1526 Franceschi. — Sculpteur.
1527 Frattin. — Sculpteur.

MM.

1528 Faure. — Peintre.
1529 Fournier. — Peintre.
1530 Flandrin. — Peintre. (Institut.)
1531 Français. — Peintre.
1532 Girod (Mme Marie). — Peintre.
1533 Galetti. — Peintre.
1534 Ghéquier (Alexis de). — Peintre.
1535 Guet. — Peintre.
1536 Guttinger. — Peintre.
1537 Girardet. — Peintre.
1538 Gigoux. — Peintre.
1539 Gérôme. — Peintre.
1540 Géricault. — Peintre.
1541 Galbrun. — Peintre.
1542 Gérard-Dow. — Peintre hollandais (1650).
1543 Giraud. — Peintre.
1544 Hadol. — Peintre.
1545 Hestrel. — Peintre.
1546 Huot (Eugène). — Peintre.
1547 Hesse. — Peintre.
1548 Horace Vernet. — Peintre.
1549 Heilbult. — Peintre.
1550 Isabey. — Peintre.
1551 Ingres (sénateur). — Peintre.
1552 Imer. — Peintre.
1553 Johannot (Tony), après décès. — Peintre.
1554 Jadin. — Peintre.
1555 Jacques. — Sculpteur.
1556 Karl. — Peintre.
1557 Knauss. — Peintre.
1558 Lavieille (Eugène). — Peintre.
1559 Leroux (Charles). — Peintre.
1560 Lepoitevin. — Peintre.
1561 Lecointe. — Peintre.
1562 Lepaulle. — Peintre.

MM.

1563 Lorentz. — Peintre.
1564 Luminais. — Peintre.
1565 Lacuna. — Peintre.
1566 Lamy. — Peintre.
1567 Labouchère. — Peintre.
1568 Lebrun (Charles). — Peintre.
1569 Léonard de Vinci (Italien) 1478.
1570 Lami. — Sculpteur.
1571 Linton. — Graveur.
1572 Lasalle. — Lithographe.
1573 Levy. — Peintre.
1574 Marochetti. — Sculpteur.
1575 Meissonnier. — Peintre.
1576 Marchal (Charles). — Peintre.
1577 Montant (de). — Peintre.
1578 Muller. — Peintre.
1579 Maison (Eugène). — Peintre.
1580 Merino. — Peintre.
1581 Michelin (Jules). — Peintre.
1582 Murillo (Esteban). — Célèbre peintre espagnol (1650).
1583 Manassé Effendie. — Peintre du sultan.
1584 Michel-Ange. — Peintre-sculpteur (1500).
1585 Millet. — Sculpteur.
1586 Morin (Ed.). — Graveur.
1587 Madarasz. — Peintre hongrois.
1588 Nanteuil (Célestin). — Peintre.
1589 Navier (Gabriel). — Peintre.
1590 Noël (Jules). — Lithographe.
1591 Noël. — Sculpteur.
1592 Ouvrié (Justin). — Peintre.
1593 Petitot. — Statuaire de l'Institut.
1594 Perignon. — Peintre.

MM.

1595 Pastelot. — Peintre.
1596 Palizzi. — Peintre.
1597 Parmesan. — Peintre.
1598 Pène (Mlle de). — Peintre.
1599 Pérugin (B.). — Chef de l'Ecole romaine, maître de Raphaël.
1600 Poussin. — Premier peintre du roi Louis XIII (1599).
1601 Philippon (Charles). — Carricaturiste.
1602 Pothey. — Graveur.
1603 Poitevin (Auguste). — Sculpteur.
1604 Regnier. — Peintre.
1605 Rieustant. — Peintre.
1606 Rubens. — Célèbre peintre flamand (1600).
1607 Raphaël. — Rome (1493).
1608 Rembrandt. — Ecole hollandaise (1640).
1609 Ribéra. — Peintre espagnol.
1610 Rousseau (Philippe). — Peintre.
1611 Rosa Bonheur (Mme). — Peintre.
1612 Rude. — Sculpteur.
1613 Roubeaud. — Sculpteur.
1614 Schopin. — Peintre.
1615 Scheffer (Ary). — Peintre.
1616 Scheffer (Henri). — Peintre.
1617 Scheffer (Arnold). — Peintre.
1618 Schnectz. — Institut (directeur de l'Académie de France à Rome)
1619 Sechan. — Peintre.
1620 Stevens. — Peintre belge.
1621 Sanderer. — Peintre.
1622 Spaendonck (Van). — Hollande (1810).

MM.

1623 Steenle. — Peintre allemand.

1624 Selim. — Peintre.

1625 Tattet (Georges). — Peintre.

1626 Troyon. — Peintre.

1627 Teniers (David). — Peintre flamand (1600).

1628 Titien (le). — Célèbre peintre vénitien (1500)

1629 Valerio. — Peintre et graveur.

1630 Vauchelin. — Peintre.

1631 Velasquez. — Célèbre peintre espagnol (1630).

MM.

1632 Van-Dyck. — Peintre de l'Ecole flamande, élève de Rubens (1630).

1633 Véronèse (Paul Caliari, dit). — Célèbre peintre italien (1550).

1634 Vinci (Léonard de). — Peintre de François Ier (1475).

1635 Vignon (Mme Claude). — Peintre.

1636 Wihl. — Peintre.

1637 Watelet. — Peintre.

1638 Wappers. — Peintre belge.

1639 Ziegler. — Peintre.

COMPOSITEURS

MM.

1640 Alary (Jules-Abraham-Eugène). — pianiste de la chapelle et de la chambre de l'Empereur.

1641 Auber (Daniel-François-Esprit). — Institut, directeur du Conservatoire.

1642 Arban. — Chef d'orchestre.

1643 Adam (Adolphe Charles), feu. — membre de l'Académie des Beaux-Arts.

1644 Amat (Léopold-Paul).

1645 Boulanger (Henri - Alexandre - Ernest). — Grand prix de Rome (1845).

1646 Bach (J.-Sébastien), feu. — Allemand (1650).

MM.

1647 Bazin (François - Emmanuel - Joseph). — Grand prix de Rome, professeur au Conservatoire (1840)·

1648 Bonoldi.

1649 Berlioz (Hector). — Bibliothécaire du Conservatoire, membre de l'Institut.

1650 Boïeldieu (F.-Adrien), feu. — profr. de piano au Conservatoire (1800).

1651 Barbier (Henri - Auguste). — Satirique.

1652 Beethoven (Louis), feu. — Allemand (1810).

1653 Beriot fils.

MM.

1654 Blaquiéres (Paul).
1655 Bernald (Paul).
1656 Batsta.
1657 Berton (François).
1658 Brandus.
1659 Bazin. — directeur de l'Orphéon.
1660 Burgmüller.
1661 Chopin (I.-M.), né en Allemagne.
1662 Chérubini (Salvator), né à Florence (1820).
1663 Chainé.
1664 Clapisson (Antoine - Louis). — membre de l'Institut.
1665 Czerni (Carl). — Allemand.
1666 Chevé (Emile). — Professeur de de musique.
1667 Deffés (Pierre-Louis).
1668 David (Félicien).
1669 Delioux.
1670 Delajarte.
1671 Delsarte (Chéri - Nicolas). — chanteur et professeur de chant.
1672 Delibes (Léo).
1673 Donizetti.
1674 Duprato (Jules-Anacharsis). — Grand prix de Rome (1848).
1675 Débilemont.
1676 Decombes.
1677 Douay (Georges)
1678 Dupont (A.). — Poète et chansonnier.
1679 Duprez. — Professeur de chant.
1680 Elwart (Aimable-Elie). — Grand prix de Rome (1834).
1681 Engel (Louis).

MM.

1682 Erlanger.
1683 Ettling (Emile).
1684 Ermel.
1685 Fournier.
1686 Gabrielli (comte).
1687 Gluck (Christophe). — Célèbre compositeur (1760).
1688 Gounod (Charles).
1689 Gauthier (Eugène).
1690 Gaspers.
1691 Galitzin (Prince).
1692 Gevaërt (Auguste). — Belge (Prix de Rome).
1693 Géraldi (Lilio-Grégorio), né à Ferrare (1570).
1694 Grétry (André-Ernest-Modeste) — Belge.
1695 Goëthe (Jean - Wolfang). — Allemand, ministre d'Etat (1815)
1696 Goria.
1697 Halévy (Jacques - Fromenthal), feu. — Profr. au Conservatoire, secrétaire de l'Académie.
1698 Haydn (François-Joseph), feu. — Allemand (1800).
1699 Haendel (Georges-Fredenk), feu — Italien, dit le Saxon (1740).
1700 Hérold (Louis-Joseph-Ferdinand) feu. — (1830).
1701 Hartorg (Edouard de).
1702 Herz (Henri). — compositeur, pianiste allemand, professeur au Conservatoire.
1703 Hummel (J.-Népomuc.) — Composit. et pianiste allemand (1825).

MM.

1704 Jaël. — Pianiste de S. M. le roi de Hanovre.
1705 John.
1706 Jeltsch. — Pianiste.
1707 Kalbrenner (Frédéric), feu. — Pianiste (1840).
1708 Kreutzer (Léon).
1709 Ketten (Henri).
1710 Litz (Franz). — Pianiste hongrois.
1711 Lovy (Jules). — Secrétaire général du théâtre des Variétés.
1712 Lajarte (de).
1713 Lille (Comte de).
1714 Liouville (Frantz).
1715 Lafaye (Adrien de).
1716 Lalo.
1717 Litloff (Henri). — Pianiste, né à Londres.
1718 Longueville (Alphonse).
1719 Lully.
1720 Martini (J.-Egide), né dans le haut Palatinat en 1800.
1721 Méhul (Etienne - Henri), né à Givet (1800).
1722 Menbrée (Edouard).
1723 Mendelssohn Bartholdy.
1724 Métra.
1725 Meyerbeer (Giacomo).
1726 Mozart.
1727 Musard fils.
1728 Mutel.
1729 Magnus.
1730 Massé (Victor.
1731 Marcello.
1732 Mangin (E.).
1733 Margeot.
1734 Nadaud.

MM.

1735 Offenbach (Jacques).
1736 Osborn.
1737 Onfray.
1738 Paciné.
1739 Paër.
1740 Parizot (Victor).
1741 Plantâde (Charles).
1742 Poisot (Charles).
1743 Paganini.
1744 Panofka.
1745 Paulin.
1746 Philippot (Jules).
1747 Poniatowsky.
1748 Palestrina (J.-B.-Aloïs de). — Violoniste italien, surnommé le prince de la musique (1560).
1749 Pergolèse (J.-B.). — Violoniste italien (1720).
1750 Rosellen.
1751 Rosentein.
1752 Rossini.
1753 Rousselot.
1754 Rosenhain.
1755 Reimbischiski.
1756 Rameau (J. Philp.) (1750).
1757 Schubert (François).
1758 Schubert (Camille).
1759 Spontini.
1760 Strauss (de Vienne).
1761 Semet.
1762 Schuloff.
1763 Sivory.
1764 Seligman.
1765 Thomas (Ambroise).
1766 Traventi.
1767 Thalberg.
1768 Verdi.

MM.

1769 Verley.
1770 Vos (Camille de).
1771 Wagner (Richard).
1772 Weber (Carl-Marie-Von).

MM.

1773 Wekerlin.
1774 Compositeurs et Auteurs. — Groupe de 72.

INSTRUMENTISTES

MM.

1775 Arban. — Chef d'orchestre.
1776 Allard. — Violoniste.
1777 Accursi. — Premier violon de l'Opéra.
1778 Armingaud.
1779 Aubin (Mlle). — Pianiste.
1780 Ascher.—Pian. de l'Impératrice.
1781 Boulay (Mlle Maria). — Violoniste.
1782 Bazèle (Auguste). —Organiste de Sainte-Elisabeth.
1783. — Bériot (Charles de). — Violoniste.
1784 Bernadel (Anatole). — Pianiste.
1785 Billard. — Pianiste.
1786 Blumenthal (Jules). — Pianiste.
1787 Braga. — Pianiste.
1788 Bulow (Hans de). — Pianiste de S. M. la reine de Prusse.
1789 Batla. — Violoniste.
1790 Beringuée. — Pianiste.
1791 Becker (Jean). — Violoniste.
1792 Cazella. — Violoniste.

1793 Champon (Mlle Delphine). — Organiste.
1794 Chopin. — Pianiste.
1795 Carré. — Pianiste).
1796 Croilsky. — Pianiste.
1797 Charlin. — Pianiste.
1798 Carré (Mlle). — Pianiste.
1799 Codine. — Pianiste.
1800 Delepierre (les sœurs Julia). Groupe. — Violoniste.
1801 Delepierre et ses enfants, groupe. — Violoniste.
1802 Duvernoy. — Professeur au Conservatoire impérial.
1803 Dreyfus (Mme). — Pianiste.
1804 Dreyfus. — Organiste.
1805 Dorus. — Opéra.
1806 Dombrowski. — Pianiste de la reine d'Espagne.
1807 Debain. — Facteur d'orgues.
1808 Diémer. — Pianiste.
1809 Demersemann. — Flûte.

MM.

1810 Escudier Kastner (Mme Rosa. — Pianiste.
1811 Ferni (F.). — Violoniste.
1812 Ferni (Mlle). — Violoniste.
1813 Ferni (frère et sœur). Groupe. — Violoniste.
1814 Faville. — Violoniste.
1815 Franckonine. — Violoncelliste.
1816 Fumagalli. — Pianiste.
1817 Godard. — Pianiste.
1818 Goria. — Pianiste.
1819 Gompertz (Mlle Fanny).—Conservatoire.
1820 Gompertz (Mlle Henriette).—Conservatoire.
1821 Mammer. — Violoniste.
1822 Herman (Adolphe). - Violoniste.
1823 Herz (Henri). — Pianiste.
1824 Hummel. — Pianiste.
1825 Halmann. — Violoniste.
1826 Jacquart. — Violoncelliste.
1827 Jaël (Alfred). — Pianiste.
1828 Jelsth. — Pianiste.
1829 Kalbrenner. — Pianiste.
1830 Kalbrenner (Arthur). — Pianiste.
1831 Kastner. — Pianiste.
1832 Ketterer. — Pianiste.
1833 Ketten (Henri(. — Pianiste.
1834 Kentger. — Violoniste.
1835 Litoff. — Pianiste.
1836 Léon. — Violoniste.
1837 LLyod. — Conservatoire.
1838 Lubech. — Pianiste.
1839 Lafont. — Violoniste.
1840 Lagnier (Mme). — Violoniste.
1841 Lamoury. — Violoncelliste.
1842 Lamoury jeune. — Violoniste.

MM.

1843 Lamoury (les frères). Groupe. — Violoniste et violoncelliste.
1844 Lecouppey. — Pianiste.
1845 Lefébure-Wely. — Organiste.
1846 Legendre. — Premier piston à Musard.
1847 Léonard. — Violoniste.
1848 Liszt. — Pianiste.
1849 Lutgen. — Violoncelliste.
1850 Marcilly (Mlle Blanche de). — Conservatoire.
1851 Marck-Schereck. — Violoniste.
1852 Magnus. — Pianiste.
1853 Masset. — Professeur de chant au Conservatoire.
1854 Meyer (Léopold de). — Pianiste.
1855 Milanollo (T.-Am.). — Violoniste.
1856 Mocker (Melchior). — Pianiste.
1857 Martin (Mlle). — Chapelle impériale.
1858 Nathan (Ernest).—Violoncelliste.
1859 Osborn. — Pianiste.
1860 Pfeiffer. — Pianiste.
1861 Poniatowski (Prince). — Amateur distingué de musique et compositeur.
1862 Pratow (de). — Violoncelliste.
1863 Prudent (Emile). — Pianiste.
1864 Philippot. — Pianiste.
1865 Piatti. — Violoniste.
1866 Quinet (Alfred). — Pianiste.
1867 Ravina. — Pianiste.
1868 Roubier. — Pianiste.
1869 Roussel. — Professeur au Conservatoire.
1870 Roussier. — Violoncelliste.
1871 Rosa Salvator. — Pianiste.

MM.

1872 Raimbault. — Pianiste.
1873 Savari. — Pianiste.
1874 Sarrasate. — Violoniste.
1875 Schuloff. — Pianiste.
1876 Schmidt. — Organiste à Saint-Sulpice.
1877 Seligman. — Violoncelliste.
1878 Servais. — Violoncelliste.
1879 Sivori. — Violoncelliste.
1880 Sighicelli. — Violoniste.
1881 Stockhausen. — Violoniste.
1882 Schultz. — Pianiste.
1883 Tousselet. — Violoniste.
1884 Tausig. — Pianiste.
1885 Thalberg (Sigismond). — Pianiste.

MM.

1886 Thourry (Mlle). — Organiste.
1887 Tulou. — Professeur au Conservatoire.
1888 Thonel (Mlle Léonie). — Pianiste.
1889 Télesinski. — Premier violon de l'Opéra.
1890 Vieuxtemps (Henri). — Violoniste.
1891 Viguier. — Pianiste.
1892 Vrabely. — Pianiste.
1893 Vuille. — Clarinettiste.
1894 Wienawski (Henri). — Violoniste.
1895 Wroblewsk. — Pianiste.
1896 Wolf (Edouard). — Pianiste.
1897 Yung (Mme). — Pianiste.

AUTEURS

HOMMES DE LETTRES

MM.

1898 About (Edmond). — Littérateur.
1899 Augier (Emile). — Membre de l'Institut, petit-fils de Pigault-Lebrun.
1900 Assolant (Alfred). — Littéateur.
1901 Arnaud. — *Monde illustré*.
1902 Aymand (Gustave). — Littérateur.
1903 Aubryet (Xavier). — Littérateur.
1904 Amédée (Achard). — Romancier.
1905 Affelineau. — Littérateur.
1906 Azevedo (Alexis). — Littérateur.

MM.

1907 Audigier. — Journaliste.
1908 Autran. — Poète.
1909 Auriac. — Littérateur.
1910 Arago (Etienne). — Littérateur.
1911 Albéric Second. — Littérateur (sous-préfet en 1849).
1912 Avenel (Paul). — Journaliste et littérateur.
1913 Augu. — *Siècle*.
1914 Amezeuil (d'). — *Monde illustré*.

En vente à la Centralisation de photographies, Ch. Ségoffin, à Paris

MM.

1915 Anicet Bourgeois. — Auteur dramatique.
1916 Agoult (comtesse d'), (Daniel Stern.) — Femme de lettres.
1917 Ambert (Joachim-Jules). — Ecrivain militaire, ancien représentant.
1918 Andersen. — Poète danois.
1919 Alarcon (Pédro-Antonio de). — Auteur espagnol.
1920 Audebrand (Ph.). — Journaliste.
1921 Banville (Théodore de). — Poète.
1922 Baralle (Alphonse). — Littérateur.
1923 Baschet (A.). — Littérateur.
1924 Barthet (Armand). — Littérateur.
1925 Bataille (Charles). — Littérateur.
1926 Bédolière (de la). — *Siècle*.
1927 Bell (Georges). — Littérateur.
1928 Bellet. — *Patrie*.
1929 Béraud (Ant.), feu. — Littérateur (ancien directeur de la prison de Belle-Isle-en-Mer).
1930 Bernard (Auguste). — Directeur du *Monde illustré*.
1931 Bernard (Pierre). — Littérateur.
1932 Bertrand (Jules). — Littérateur.
1933 Besnard. — *Siècle*.
1934 Biéville (de). — *Siècle*.
1935 Blondin. — *Messager des Théâtres*.
1936 Blum (Ernest). — Littérateur.
1937 Boisseaux (Henri). — Littérateur.
1938 Boniface. — *Siècle*.
1939 Bonnavoye de Brémont. — Littérateur.
1940 Bonnet. — Littérateur.
1941 Boué de Villers. — Littérateur.

MM.

1942 Bourdin. — *Figaro*.
1943 Bourdette. — *Polichinelle*.
1944 Bourget (Ernest). — Littérateur.
1945 Boyer (Philoxème). — Littérateur.
1946 Bougeart. — Littérateur.
1947 Barthélemy-St-Hilaire. — Membre de l'Institut, ancien représentant du peuple.
1948 Beauvoir (Roger de). — Littérateur.
1949 Bignicourt (de). — Littérateur.
1950 Berlot. — Littérateur.
1951 Berthoud (Samuel-Henri.) — Littérateur.
1952 Barbey d'Aurevilly. — Journaliste et romancier.
1953 Becquerel père. — Académie des sciences.
1954 Belloy (marquis de). — Poète.
1955 Baudelaire (Ch.) — Littérateur.
1956 Busquet (Alfred). — Littérateur.
1957 Blanc (Ch.). — Littérateur (frère aîné de Louis Blanc).
1958 Barrière (Théodore). — Auteur dramatique.
1959 Blanc (Louis). — Publiciste et homme politique.
1960 Baudriart. — *Débats*.
1961 Batalier de Bragelone. — Littérateur.
1962 Bertin. — *Débats*.
1963 Boileau (surnommé Despréaux), feu. — Célèbre poète (1650).
1964 Buffon (comte de), feu. — Célèbre naturaliste (1725).
1965 Beaumarchais (de), feu. — Auteur et musicien (1760).

MM.

1966 Béranger (Pierre de), feu. — Célèbre poète chansonnier.

1967 Beaumont. — Homme politique et écrivain, membre de l'Institut.

1968 Beauvallet (Léon). — Journaliste et auteur dramatique.

1969 Balzac (feu). — Membre de l'Académie.

1970 Byron (lord), feu, connu sous le nom de Georges Gordon. — Célèbre poète anglais.

1971 Bayeux (A.-M.). — Littérateur.

1972 Bauer. — Ecrivain allemand.

1973 Berthet (Elie). — Romancier.

1974 Borie. — *Siècle*.

1975 Brisebarre. — Auteur dramatique.

1976 Bataillard. — Littérateur et journaliste.

1977 Botkine. — Littérateur.

1978 Benjamin (Constant); feu. — Publiciste, ancien député.

1979 Bossuet (feu l'abbé). — Célèbre écrivain catholique de 1670.

1980 Boyer (Al.) — Littérateur.

1981 Babou. — Littérateur.

1982 Brongniart. — Institut.

1983 Babinet. — Institut.

1984 Broglie (prince Albert de). — Académie.

1985 Bakonnine. — Publiciste russe.

1986 Bourdin (Gustave). — Littérateur.

1987 Brunet (de Presles). — Institut.

MM.

1988 Bœrhinger. — Rédacteur du *Pariser zeitung*.

1989 Barthet (Armand).

1990 Barbier (Henri-Auguste). — Poète satirique.

1991 Courrier (Jacques). — Economiste.

1992 Cardon. — *Revue du Monde illustré*.

1993 Carmouche. — Auteur dramatique.

1994 Castagnary. — Littérateur.

1995 Champagnac. — Littérateur.

1996 Champfleury (Jules-Fleury, dit). — Littérateur.

1997 Chapus (Eugène). — Littérateur.

1998 Charolais. — Littérateur.

1999 Chassin (Charles-Louis). — Littérateur.

2000 Chateaubriand (feu). — Littérateur et homme politique.

2001 Clairville. — Auteur dramatique.

2002 Cognard (Théodore). — Auteur dramatique.

2003 Coligny (Charles). — Auteur dramatique.

2004 Commettant (Oscar). — Journaliste.

2005 Cooper (Fénimore), feu. — Ecrivain anglais.

2006 Courcy (Charles de). — Auteur dramatique.

2007 Crémieux (Hector). — Auteur dramatique.

2008 Cucheval-Clarigny. — Journaliste.

MM.

2009 Cuzon (Léon). — Journaliste.

2010 Caraguel (Clément). — Journaliste.

2011 Charles (Edmond).— Littérateur, ancien secrétaire du prince Napoléon.

2012 Chevigné (de). — Littérateur.

2013 Corneille (Pierre), feu. — Poète, créateur de l'art dramatique en France (1630).

2014 Choller. — Littérateur.

2015 Crétineau-Jolly (Jacques). — Littérateur et journaliste.

2016 Claudon (Gustave). — Littérateur.

2017 Cuvillier-Fleury. — *Débats*.

2018 Cousin. — Philosophe et écrivain. (Institut.)

2019 Callias (Hector de). — Littérateur.

2020 Chénier (André).—Poète (1794).

2021 Chartrian. — Littérateur.

2022 Cretelle (de la). — Académicien, historien.

2023 Cohen. — Journaliste.

2024 Cladelle (Léon). — Littérateur.

2025 Clounailhac. — Littérateur.

2026 Chéri. — Littérateur, ancien substitut.

2027 Chasles (Philarètes). — Professeur à la Sorbonne.

2028 Chabrillant (Mme de), connue sous le surnom de Mogador.

2029 Du Boys. — Littérateur.

2030 Dalloz. — *Moniteur*.

2031 Daumenie.—*Indépendance belge*.

2032 Dauriac (Eugène). — *Siècle*.

MM.

2033 Davrecourt. — Littérateur.

2034 Delaage (Henri). — *Constitutionnel*.

2035 Delamourlière. — *Patrie*.

2036 Delavigne (Casimir). — Poète, membre de l'Institut.

2037 Dell' Bright. — *Gaulois*.

2038 Delord (Taxile). — *Siècle*.

2039 Denizet. — *Charivari*.

2040 Desarbres (Nérée). — Vaudevilliste, secrétaire de l'administration de l'Opéra.

2041 Deschanette. — *Débats*.

2042 Deslandes (Raymond). — Auteur dramatique.

2043 Duchesne.— *Figaro*.

2044 Dugué (Ferdinand). — Littérateur.

2045 Dumas (Alexandre père). — Auteur dramatique et romancier.

2046 Dumas (Alexandre fils).—Auteur dramatique.

2047 Dupeuty. — Auteur dramatique.

2048 Duplessis. — Littérateur.

2049 Dupont (Pierre). — Chansonnier.

2050 Duvernois. — *Courrier de Paris*.

2051 Dejallais. — Littérateur.

2052 Duvert. — Vaudevilliste.

2053 Delacaras (Pedro-Antonio). — Littérateur.

2054 Dasch (comtesse d'). — Femme de lettres.

2055 Doucet (Camille). — Auteur dramatique.

2056 Desnoyers (Louis).—Auteur dramatique.

2057 Desbarolles. — Littérateur.

MM.

2058 Dante (feu). — Poète.

2059 Delvau (Alfred). — Littérateur

2060 Deschamps (Emile). — Poète.

2061 Deschamps (Antony). — Poète.

2062 Delaporte (Michel). — Vaudevilliste.

2063 Dunka (Mlle de Claire St-Albert. —
Littérateur.

2064 Dickens. — Romancier anglais.

2065 Daudet (Alphonse). — *Figaro*.

2066 Deylis. — Littérateur.

2067 Deronne (Charles). — Littérateur.

2068 Decourcelles. — Auteur dramatique.

2069 Debons. — Littérateur.

2070 Delacour. — Vaudevilliste.

2071 Depret (Louis). — Littérateur.

2072 Duloche (Camille). Littérateur.

2073 Dumont (E.). — Journaliste.

2074 Dréolle (E.). — Journaliste, rédacteur en chef de la *Patrie*.

2075 Doucet (Joseph). — Littérateur.

2076 Durandeau. — Littérateur.

2077 Dupont (Léonce). — Rédacteur
en chef du *Pays*.

2078 Durand (E.). — Littérateur.

2079 Dusolier. — Littérateur.

2080 Deshoulières (Mme). — Poète.

2081 Dulong. — Littérateur.

2082 Darcier. — Chansonnier.

2083 Desessarts (Alfred). — Littérateur, sous-bibliothécaire à la
bibliothèque de Ste-Geneviève.

2084 Delaage (Pharès). — *Indépendance belge*.

MM.

2085 Dupays. — Rédacteur de l'*Illustration*.

2086 Edgar (Quinet). — Écrivain, ancien représentant du peuple.

2087 Énault (Louis). — Littérateur.

2088 Énault (Étienne). — Littérateur.

2089 Escande. — Littérateur.

2090 Erkmann. — Littérateur.

2091 Essarts (Emmanuel des). —
Littérateur.

2092 Empis. — Académie.

2093 Expilly. — Littérateur.

2094 Ebeling. — Ecrivain allemand.

2095 Franck. — Institut.

2096 Fremy. — Institut.

2097 Fremy (Arnould). — *Charivari*.

2098 Ferrari. — Philosophe italien.

2099 Ferri (Gabriel). — Littérateur.

2100 Ferry (Paul). — *Messager des
Théâtres*.

2101 Féval (Paul). — Romancier.

2102 Flan (Alexandre). — Littérateur.

2103 Flaux (de). — Littérateur.

2104 Flonvielle (Ulric de). — Littérateur.

2105 Faye (A.). Littérat^r Norwegien.

2106 Felow. — Poète américain.

2107 Faille. — Littérateur.

2108 Feuillet (Octave). — Académie.

2109 Fournier. — Auteur dramatique.

2110 Feydeau (Ernest). — Littérateur.
et poète.

2111 Foucher (Paul). — Auteur dramatique.

MM.

2112 Frédérick (Thomas Villiam). — Romancier américain.

2113 Francisque Sarcey. — Journaliste et littérateur.

2114 Foudras (Marquis de). — Romancier.

2115 Figuier (Mme Louis). Littérateur.

2116 Feuillet de Conches. — Chef du Protocole.

2117 Gaillardet (Frédérick). — Dramaturge.

2118 Gandon (A.). — Littérateur.

2119 Gaïffe (Adolphe). — Littérateur.

2120 Gatayes (Léon). — Musicien et critique.

2121 Girardin (Emile de). — Homme de lettres et journaliste.

2122 Girardin (Mme Delphine-Gay), feu — Femme de lettres.

2123 Glatigny (Albert). — Littérateur.

2124 Gonzalès (Emmanuel). — Littértr.

2125 Gourdon (Edouard). — Littératr.

2126 Gozlan (Léon). — Romancier et auteur dramatique.

2127 Grandfort (Mme de). — Femme de lettres.

2128 Grandguillot. — Rédacteur en chef du *Constitutionel*.

2129 Grangé (Eugène). — Vaudevilliste.

2130 Grosselin. — *Siècle*.

2131 Guillaud. — *Patrie*.

2132 Guy de Charnacé. — *Temps*.

2133 Geoffroy-Saint-Hilaire. — Institut.

2134 Gaboriaux (Emile). — Littératr.

2135 Gourdon de Genouillac. — Littérateur.

2136 Guillaud (Léon). — Littérateur.

2137 Gleizes. — Littérateur.

2138 Guéronnière (Vicomte de la). — Publiciste.

2139 Guéroult (Adolphe). — *Opinion nationale*.

2140 Guttinguer. — Littérateur.

2141 Gauthier (Théophile). — Poète et littérateur.

2142 Gastineau. — Littérateur.

2143 George-Sand (Mme). — Romancière.

2144 Gérard de Nerval. — Poète.

2145 Gilles Philippe. — Littérateur.

2146 Guillot de Saint-Bris. — Littératr.

2147 Guéroult (Constant). — Romancier et auteur dramatique.

2148 Guillemot. — Journaliste.

2149 Goldoni. — Poète italien.

2150 Guizot. — Homme d'Etat, écrivain, membre de l'Institut.

2151 Goldberg (Zlatugorskoï). — Ecrivain russe.

2152 Gramont (Ferdinand, comte de). Poète.

2153 Héricault (d'). — Littérateur.

2154 Havin. — *Siècle*.

2155 Hébrard. — *Temps*.

2156 Hémery. — Théâtre.

2157 Hoischtte. — *Figaro*.

2158 Honoré (Oscar). — *Patrie*.

2159 Houssaye (Arsène). — Littérateur et inspecteur général des musées de province.

MM.

2160 Hubert-Languet. — Fondateur du journalisme français.
2161 Hyenne (Robert). — Littérateur.
2162 Huart (Louis). — Journaliste.
2163 Houssaye (Edouard). — Littérateur.
2164 Hetzel (J.-B.-Stahl. — Littérateur, ancien secrétaire du pouvoir exécutif après 1848.
2165 Héquet (Gustave). — Journaliste et compositeur.
2166 Hervey de St-Denis. — Ecrivain.
2167 Humboldt (de). — Savant allemand.
2168 Hugot (Victor). — Institut.
2169 Happ. — Littérateur.
2170 Hermiguières (L'). — Journaliste.
2171 Heine (Henri). — Poète allemand.
2172 Hignard. — Littérateur.
2173 Hugues (Frédérick). — Littérateur.
2174 Horn (E.). — Rédacteur des *Débats* et économiste.
2175 Ivoy (Paul d'). — Littérateur.
2176 Jourdan (Louis). — *Siècle*.
2177 Jahyer. — *Figaro*.
2178 Jaime fils. — Littérateur.
2179 Jourdain (Eliacim). — *Vigie de Dieppe*.
2180 Jung. — *Débats*.
2181 Jallais (de). — Littérateur.
2182 Juillerat fils (Paul). — Littérateur.
2183 Janin (Jules). — Célèbre critique.
2184 Judicis. — Auteur dramatique.

MM.

2185 José-Guell-y-Renté. — Espagnol.
2186 Julien (Stanislas). — Institut.
2187 Jacotot. — Auteur de diverses méthodes d'enseignement.
2188 Karr (Alphonse). — Littérateur.
2189 Kock père (Paul de). — Romancier.
2190 Kock fils (Henri de). — Romancier.
2191 Kaveline. — Littérateur.
2192 Kertbeny. — Littérateur.
2193 Kertbeny. — Ecrivain hongrois
2194 Labruyère. — Littérateur.
2195 Lamennais (l'abbé). — Littérateur, chanoine honoraire du diocèse de Rennes.
2196 Lacan. — *Moniteur*.
2197 Lafizelière (de). — Littérateur.
2198 Lafolie. — *Figaro*.
2199 Lalluyé (Léopold). — Littérateur.
2200 Langlet. — *Pays*.
2201 Langlé. — Auteur dramatique.
2202 Lassalle (Albert de). — *Monde illustré*.
2203 Lebailly. — Littérateur.
2204 Legendre. — *Figaro*.
2205 Legouvé (Ernest). — Littérateur et auteur dramatique.
2206 Legrand (Emile). — *Patrie*.
2207 Lehodey. — *Siècle*.
2208 Lemarchand. — Littérateur et homme politique anglais.
2209 Lemercier de Neuville. — Littérateur.
2210 Leroy (Louis). — *Charivari*.

MM.

2211 Limayrac (Paulin). — *Pays*.
2212 Lourdal. — *Siècle*.
2213 Loménie (de). — Littérateur répétiteur à l'Ecole polytechnique.
2214 Lopez (Bernard). — Auteur dramatique.
2215 Lucas (Hippolyte). — Naturaliste et littérateur.
2216 Lucas (Jules). — *Figaro*.
2217 Lacretelle (de). — Académie.
2218 Lacan (E.). — Juriconsulte.
2219 Laya (Léon). — Avocat et Littérateur.
2220 Lecomte (Jules). — Littérateur.
2221 Loviot (Mme Fanny). — Femme de lettres.
2222 Lacroix (Paul), connu Bibliophile Jacob. — Littérateur, conservateur de la bibliothèque de l'Arsenal.
2223 Lacroix (Jules). — Littérateur et auteur dramatique.
2224 Laurentie (de). — Publiciste.
2225 Lauzanne. — Vaudevilliste.
2226 Lovy (Jules). — Journaliste.
2227 Labrousse. — Auteur dramatique.
2228 Lambert. — Archéologue.
2229 Lavedan (Léon). — Littérateur.
2230 Lépine (de). — Littérateur.
2231 Lassabatie. — Littérateur.
2232 Lamartine (Alphonse de). — Poète.
2233 Lalandelle (Georges de). — Littérateur.
2234 Lurine (Louis), feu. — Littérateur, ancien directeur du Vaudeville.

MM.

2235 Larchey (Lorédan). — Littérateur.
2236 Labiche (Eugène). — Vaudevilliste.
2237 Luchet. — Littérateur.
2238 Leris (de), Alfred Desrosiers. — Auteur dramatique.
2239 Lherminier. — Journaliste.
2240 Lafont. — Auteur dramatique.
2241 Laget. — Professeur.
2242 Lewes. — Littérateur anglais.
2243 Lelewel. — Poète polonais.
2244 Livry (Alfred). — Littérateur.
2345 Louvet. — Journaliste.
2246 Lordereaux. — Littérateur.
2247 Lola Montès. — Danseuse et avanturière célèbre, femme de lettres.
2248 Lapointe (Savinier). — Ouvrier, poète.
2249 Lemer (Julon). — Littérateur.
2250 Laprade (de). — Institut.
2251 Lelioux (Adrien). — Littérateur.
2252 Lafontaine (feu). — Auteur des fables (1640).
2253 Louft. — Littérateur.
2254 Lomon. — Littérateur.
2255 Lovy (Jules). — Journaliste, directeur du *Ménestrel*.
2256 Machalin (Paul). — Littérateur.
2257 Mahias. — *Presse*.
2258 Marc Michel. — Littérateur.
2259 Mathieu (G.). — Littérateur belge.
2260 Moineaux (Jules). — Auteur dramatique.
2261 Mousselet (Charles). — Littérateur.

MM.

2262 Montépin (Xavier de). — Littérateur et auteur dramatique.

2263 Montrosier fils. — Littérateur.

2264 Moreau (Eugène). — Auteur dramatique.

2265 Moreau-Cinti. — Littérateur.

2266 Murger (Henri). — Poète.

2267 Musset (Alfred de). — Poète.

2268 Mazères (A.) — Auteur dramatique.

2269 Maquet (Auguste). — Auteur dramatique.

2270 Masson (Michel). — Romancier et auteur dramatique.

2271 Mirecourt (Eugène). — Littérateur.

2272 Michelet. — Historien, membre de l'Institut.

2273 Mélesville (Duvegrier). — Auteur dramatique.

2274 Mornand (Félix). — Littérateur, secrétaire du Gouvernement provisoire (1848).

2275 Michiels. — *Siècle*.

2276 Montchamp (de). — Littérateur.

2277 Mary-Lafond. — Littérateur et romancier.

2278 Matharel (Ch. de). — Journaliste.

2279 Martin (Edouard). — Littérateur.

2280 Moniot. — Littérateur.

2281 Meunier. — Littérateur, publiciste.

2282 Monnier (Albert). — Littérateur.

2283 Mario-Uchard. — Auteur dramatique.

MM.

2284 Mathieu. — Chansonnier.

2285 Martin (Henri). — Philosophe, professeur de littérature.

2286 Mars (A.). — Littérateur.

2287 Méry. — Poète.

2288 Mérimée (de). — Littérateur, membre de l'Académie, sénateur.

2289 Meurice (Paul). — Romancier et auteur dramatique.

2290 Mignet. — Membre de l'Académie, historien.

2291 Milton. — Poète anglais.

2292 Monnier (Henri). — Littérateur et carricaturiste.

2293 Montéglon (A. de). — Littérateur.

2294 Malot (Hector). — Littérateur.

2295 Moigno (l'abbé). — Savant écrivain, ancien aumônier du lycée Louis-le-Grand.

2296 Molière (Poquelin, dit), feu. — Auteur célèbre (1650).

2297 Montesquieu (Ch., baron de), feu. — Auteur célèbre (1734).

2298 Mauduit (Hippolyte - Hyacinthe de). — Ecrivain militaire.

2299 Marcellus. — Institut.

2300 Moleri.

2301 Najac (de). — Littérateur.

2302 Naquet (Napoléon). — Littérateur.

2303 Nefftzer. — *Temps*.

2304 Noël Parfait. — Littérateur, ancien représentant.

2305 Noirot (A.). — Revue du *Monde colonial*.

MM.

2306 Noriac (Jules). — Rédacteur de la *Revue des Beaux-Arts*.

2307 Nyon (Eugène). — Auteur dramatique.

2308 Nerval (Gérard de). — Poète.

2309 Nozahic. — Littérateur.

2310 Niboyet (Mme Eugénie). — Femme de lettres.

2311 Niboyet (Paulin). — Littérateur, vice-consul dans l'Océanie (1848).

2312 Nuitter. — Vaudevilliste et avocat.

2313 Newton. — Poète anglais.

2314 Neuville (Lemercier de). — Littérateur.

2315 Nodier (Charles). — Littérateur.

2316 Nuguet. — Littérateur.

2317 Ostrowski (J.). — Littérateur.

2318 Oppers (Jules). — Professeur à la Bibliothèque impériale.

2319 Pigault-Lebrun (feu). — Romancier.

2320 Pacini (Emilien). — Littérateur.

2321 Pasquet. — *Siècle*.

2322 Paz (Eugène). — Littérateur.

2323 Pelloquet (Théodore). — Littérateur.

2324 Peyrat (Noël). — *Presse*.

2325 Pfau. — Littérateur.

2326 Pitre-Chevalier. — *Musée des Familles*.

2327 Plouvier (Edouard). — Auteur dramatique.

2328 Pontecoulant. — Littérateur.

2329 Prévost-Paradol. — *Débats*.

2330 Préviel (Jules). — *Figaro*.

2331 Ponsard. — Poète dramatique, membre de l'Académie.

2332 Pollet (Louis). — Littérateur.

2333 Philippon (Charles). — Journaliste.

2334 Pereire (Emile). — Publiciste.

2335 Pène (Henri de). — Littérateur.

2336 Pelletau (Eugène). — Littérateur et romancier.

2337 Paillard de Villeneuve. — *Gazette des Tribunaux*.

2338 Pétroz (Pierre). — Littérateur.

2339 Piédagnel. — Littérateur.

2340 Philippon (Eugène). — Journaliste.

2341 Proud'hon. — Publiciste, ancien représentant.

2342 Ponson du Terrail (vicomte). — Romancier.

2343 Pascal. — Poète.

2344 Plée (Léon). — Journaliste.

2345 Poério. — Orateur italien.

2346 Ponchard père. — Professeur au Conservatoire.

2347 Péterfy. — Ecrivain hongrois.

2348 Podhorsky (Louis).

2349 Quinet (Edgard). — Professeur.

2350 Renaut (Emile). — *Moniteur*.

2351 Renaud. — Littérateur.

2352 Révillon (Tony). — Littérateur.

2353 Révoil. — Littérateur.

2354 Rillé (Laurent de). — Littérateur.

2355 Roche (Edmond). — Littérateur.

2356 Rolot. — *Courrier de Paris*.

2357 Rolland (Amédée). — Littérateur.

MM.

2358 Rousseau (Jean). — *Figaro.*
2359 Rousset. — *Siècle.*
2360 Regnaut. — Institut.
2361 Riancey (de). — Publiciste, ancien rèprésentant.
2362 Ratisbonne (Louis), — Littérateur.
2363 Romey (Charles). — Publiciste et historien.
2364 Robert (A.). — Ecrivain.
2365 Rolland (A.). — Littérateur.
2366 Ravaisson. — Institut.
2367 Renan (Ernest). — Philologue. (Institut.)
2368 Sarrans (Jean). — Journaliste.
2369 Sarcey (Francisque). — Littérateur.
2370 Sardou (Victorien). — Auteur dramatique.
2371 Salvaire. — Littérateur.
2372 Schiller. — *Patrie.*
2373 Scholl (Aurélien). — Littérateur.
2374 Scribe (feu). — Auteur dramatique.
2375 Ségalas (Mᵐᵉ Anaïs). — femme poète.
2376 Silvestre. — *Siècle.*
2377 Siraudin. — Vaudevilliste.
2378 Solié (Emile). — *Siècle.*
2379 Saphir. — Littérateur allemand.
2380 Sand (Mᵐᵉ George). — Célèbre romancière.
2381 Stahl (J.-B.) Hertzel). — Littérateur, ancien secrétaire du Pouvoir exécutif après 1848.

2382 Stendhal (Beyle). — Littérateur.
2383 Saulcy (de). — Institut.
2384 Silvestre (Théophile). — Journaliste et littérateur.
2385 Simon (Jules). — Institut.
2386 Souvestre (Emile). — Littérateur et journaliste.
2387 Soumet. — Littérateur.
2388 Sue (Eugène (feu). — Célèbre romancier.
2389 Sévigné (Mᵐᵉ). — Littérateur.
2390 Sacy (de). — Institut.
2391 Scalsfield(Charles), dit le grand. — Classique américain et allemand.
2392 Schlagintweit (Herman de). — Naturaliste allemand.
2393 Seemann. — naturaliste de la couronne d'Angleterre.
2394 Stolte. — Professeur de philosophie.
2395 Streckeisen-Moulton. — Editeur de la correspondance de Rousseau.
2396 Texier (Edmond). — Littérateur, rédacteur en chef de l'*Illustration.*
2397 Torrès (Caicedo). — Littérateur.
2398 Tranchant (Alfred). — *Patrie.*
2399 Thiers. — Institut.
2400 Taylor (baron). — Institut.
2401 Turgan. — Rédacteur en chef du *Moniteur.*
2402 Thoré (Théophile). — Publiciste.
2403 Touffenel. — Littérateur.

En vente à la Centralisation de photographies, Ch. Ségoffin, à Paris.

MM.

2404 Thierry (Edouard). — Littérateur, administrateur de la Comédie-Française.
2405 Thiboust (Lambert). — Auteur dramatique.
2406 Thomas (Frédérick). — Romancier américain.
2407 Touguencoff.
2408 Tissot. — Poète.
2409 Uchard (Mario). — Auteur dramatique.
2410 Ulbach (Louis). — Littérateur.
2411 Vachette.
3412 Viennet. — Institut.
2413 Vigny (Alfred de). — Institut.
2414 Villemessant. — *Figaro*.
2415 Varin. — Littérateur.
2416 Veuillot (Louis). — Littérateur et journaliste.
2417 Vaëz (Gustave). — Littérateur.
2418 Vacquerie (Auguste).
2419 Voivenel. — *Siècle*.
2420 Vaudin. — *Orphéon*.
2421 Viard (Jules). = Littérateur.
2422 Villemot. — *Figaro*.
2423 Villiaumé. — Littérateur.
2424 Vincent (Charles). — Chansonnier.
2425 Ventura della Vega. — Littérateur.

2426 Vaucorbeil (de). — Littérateur.
2427 Vitu. — Littérateur, publiciste, rédacteur de *la Liberté* (1848).
2428 Varenne (de la). — Littérateur.
2429 Villemain. — Institut.
2430 Van-der-Mergh. — Professeur.
2431 Vallès (Jules). — Littérateur.
2432 Viel-Castel (Horace de). — Conservateur du Musée des souverains.
2433 Victor Hugo (comte). — Poète, membre de l'Institut.
2434 Vignon (Claude). — Littérateur.
2435 Waramban. — Littérateur.
2436 Wey (Francis). — Directeur de la Société des gens de lettres.
2437 Wolowski. — Economiste, membre de l'Institut, fondateur du Crédit foncier de France.
2438 Weil (Alexandre). — Littérateur et journaliste.
2439 Wolf (Albert). — Littérateur.
2440 Yuarte Carlos. — Littérateur.
2441 Zablanc (Cartorine). — *Charivari*.
2442 Zacone. — Littérateur et romancier.
2443 Zlatagorskoï. — Ecrivain russe.
2444 Binettes contemporaines. — Groupe.
2445 Littérateurs. — Groupe de 17.

ARCHITECTES

MM.

2446 Allard.

2447 Duprez (Jules).

2448 Duval (Charles).

2449 Lainé (Fleury). — Ingénieur.

2450 Magne. — Architecte de la ville de Paris.

MM.

2451 Perdonnet. — Ingénieur.

2452 Pagnerre. — Editeur.

2453 Renault.—Architecte du Louvre.

2454 Violet-le-Duc. — Architecte de la maison de l'Empereur.

PROFESSIONS DIVERSES

MM.

2455 Berger. — Professeur de billard.

2456 Boudeville. — Professeur de déclamation.

2457 Bauchet. — Professeur d'équitation.

2458 Caston (A. de). — Prestidigitateur.

2459 Camille. — Agence théâtrale.

2460 Emélia des Nèves (Mlle). — Magicienne.

2461 Gathechair. — Professeur d'escrime.

2462 Grisier. — Professeur d'escrime.

2463 Godard (Louis), en ballon. — Aéronaute.

2464 Godard (Jules), en ballon. — Aéronaute.

MM.

2465 Godard (la famille), en ballon. Groupe. — Aéronaute.

2466 Hubert.—Directeur de l'Orphéon.

2467 Leblanc. — Professeur de manége.

2468 Manicardi. — Prestidigitateur.

2469 Pons. — Maître d'armes.

2470 Pradier. — Batoniste.

2471 Pellier.—Professeur de manége.

2472 Ricourt. — Directeur du Théâtre des Jeunes-Artistes.

2473 Robert-Houdin.—Prestidigitateur

2474 Thévelin. — Professeur de gymnastique.

2475 Van-der-Mesch (Mlle).— Oiseaux savants.

2476 Yonne. — Prestidigitateur.

En vente à la Centralisation de photographies, Ch. Ségoffin, à Paris.

GALERIE HISTORIQUE

2477 Anne de Boleyn. — Femme de Henri VIII (1525), mère de Marie-Elisabeth.

2478 Anne de Bretagne. — Femme de Charles VIII (1491) et femme de Louis XII (1499).

2479 Agnès Sorel (dite dame de beauté).—Maîtresse de Charles VII (1431).

2480 Anne d'Autriche. — Reine de France, femme de Louis XIII (1615), mère de Louis XIV.

2481 Angoulême (duc d'). — Fils du roi Charles X.

2482 Angoulême (duchesse d'). Marie-Thérèse-Charlotte de France.—Fille de Louis XVI (1780).

2483 Artois (comtesse d'), Marie-Thérèse de Savoie. — Femme de Charles X)1773), règne de Louis XVIII.

2484 Abélard. — Philosophe célèbre (1100).

2485 Arioste(Ludovico-Ariosto,dit l'.—Célèbre poète italien (1520).

2486 Bonaparte (Napoléon Ier), empereur français. — Premier consul (1799).

2487 Bonaparte (Napoléon Ier), empereur des Français. — Général en 1794.

2488 Blanche de Castille. — Reine de France, femme de Louis VIII et mère de Saint-Louis (1230).

2489 Berry (Ch. Ferdinand, duc de).—Fils de Charles X (1790).

2490 Berry (duchesse de). — Princesse Caroline de Naples (1816).

2491 Bourbon-Condé (duc de).—Règne de Louis XVI (1760).

2492 Bonchamp (Artus de). — Général vendéen (1793).

2493 Boissy-d'Anglas (comte de). — Député au conseil des Cinq-Cents (1794).

2494 Bernardin de Saint-Pierre. — Célèbre écrivain (1778), intendant du Jardin-des-Plantes sous Louis XVI (1792).

2495 Beauharnais (Eugène de). — Fils de l'impératrice Joséphine. vice-roi d'Italie (1805).

2496 Bourgogne (duchesse de).—Mère de Louis XV (1710).

2497 Borghèse (Pauline Bonaparte). — Sœur de Napoléon Ier (1800).

2498 Barrère de Vieuzac. — Conventionnel, membre du Comité du Salut public (1793).

2499 Barras (comte de). — Directeur de la République (1793).

2500 Barnave — Député à l'Assemblée nationale (1792).

2501 Bailly. — Maire de Paris (1789), traduit au tribunal révolutionnaire (1793).

2502 Brissot. — Rédacteur au *Journal le Patriote* (1789), traduit au tribunal révolutionnaire (1793).

2503 Buzot. — Député à la Convention (1793).

2504 Barbaroux. — Député à la Convention, décapité en 1794.

2505 Bessières (duc d'Istrie). — Maréchal de l'Empire (1810).

2506 Buccioli (comtesse). — Maîtresse de lord Byron (1820).

2507 Bossuet (l'abbé). — Célèbre écrivain catholique (1670).

2508 Boileau (surnommé Despréaux). — Célèbre poète (1660).

2509 Buffon (comte de). — Célèbre naturaliste (1750).

2510 Beaumarchais (Caron de). — Célèbre auteur et musicien (1760).

2511 Byron (Georges Gandon, connu lord). — Célèbre poète anglais (1815).

2512 Boccace (Jean). — Célèbre auteur italien (1350).

2513 Charlemagne (Charles Iᵉʳ ou Charles le Grand). — Roi de France et empereur d'Occident (770).

2514 Charles le Téméraire (duc de Bourgogne). — Règne de Louis XI (1465).

2515 Charles V, dit le Sage. — Roi de France (1364).

2516 Charles VI, dit le Bien-Aimé et l'Insensé, roi de France (1382).

2517 Charles VII, dit le Victorieux. — roi de France (1422).

2518 Charles VIII, dit l'Affable. — Roi de France (1495).

2519 Charles IX. — Roi de France (1560).

2520 Charles X. — Roi de France (1824).

2521 Charette de la Contrie. — Chef vendéen, fusillé à Nantes (1796).

2522 Cathelineau (Jacques). — Chef. vendéen (1793).

2523 Catherine de Médicis. — Reine de France, femme de Henri II (1533).

2524 Charlotte Corday. — Poignarda Murat et fut décapitée le 17 juillet 1793.

2525 Cinq-Mars (marquis Coiffier de Ruzé). — Favori du roi Louis XIII, décapité (1642).

2526 Cadoudal (Georges). — Chef de Chouans, exécuté le 25 juin 1804.

2527 Claude de France (surnommée la bonne Reine). — Femme de François Iᵉʳ (1514).

2528 Châtelet (marquise du). — Femme auteur, règne Louis XV (1735).

2529 Condé (Louis II, prince de), dit le Grand-Condé. — Général en chef (1643).

2530 Chevreuse (duchesse de), Marie de Rohan-Montbazon.—Femme célèbre par son esprit et sa beauté (1620).

2531 Chénier (André de).— Poète exécuté en 1794.

2532 Chateauroux (Marie - Anne de Mailly, duchesse de). — Favorite de Louis XV (1740).

2533 Condorcet (marquis de). — Philosophe, Académie des sciences (1769), conventionnel, s'empoisonna en 1794.

2534 Cléry. — Valet de chambre de Louis XVI (1794).

2535 Colbert (Jean-Baptiste). — Ministre et secrétaire d'Etat sous Louis XIV (1662).

2536 Carnot (Lazare-Nicolas-Marguerite). — Conventionnel (1792), ministre de la guerre (1800).

2537 Cambon (Joseph). — Conventionnel (1792), ancien représentant (1815).

2538 Cambacérès (de), prince et duc de Parme. — Conventionnel (1792), second consul (1799).

2539 Camille Desmoulins. — Conventionnel (1792), décapité (1794).

2540 Christophe Colomb (né à Gênes, 1438). — Célèbre navigateur, découvrit l'Amérique en 1498.

2541 Chartres (Robert-Philippe d'Orléans, duc de). — Fils du duc d'Orléans, petit-fils du roi Louis-Philippe.

2542 Corneille (Pierre).— Célèbre auteur, créateur de l'art dramatique en France (1760).

2543 Coligny (Gaspard de Châtillon, sire de). — Amiral de France (1552), fils de Coligny, maréchal de France sous François Ier.

2544 Calvin (Jean).— Chef de réforme religieuse (1500).

2545 Dubarry (comtesse).— Maîtresse de Louis XV (1770), condamnée à mort (1793).

2546 Diane de Poitiers (duchesse de Valentinois), maîtresse de Henri II (1535).

2547 Deshoulières (Antoinette du Ligier de la Garde, dame). — Une des gloires littéraires du siècle de Louis XIV (1660).

2548 Dumouriez (Charles-François).— Ministre des affaires étrangères (1792).

2549 Davoust (prince d'Eckmülh). — Maréchal de France (1805), pair de France (1819).

2550 Duroc (Michel), duc de Frioul.— Grand-maréchal du palais sous Napoléon Ier (1805).

2551 Dante Alighieri. — Célèbre poète italien (1290).

2552 Etampes (Anne de Pisseleu, duchesse d'). — Maîtresse de François Ier (1540).

2553 Entraigues (Catherine-Henriette de Balzac d'). — Maîtresse de Charles IX (1570) et de Henri IV (1580).

2554 Elisabeth d'Autriche. — Femme de Charles IX (1560).

2555 Elisabeth de France (connue sous le nom de Madame). — Sœur de Louis XVI, exécutée en 1794.

2556 Elisabeth de Hongrie. — Reine de Hongrie (1319).

2557 Enghien (duc d'). — Fils du prince de Condé, fusillé le 21 mars 1804.

2558 Edgeworth (l'abbé) de Fermont. — Confesseur de Louis XVI (1794).

2559 Estrées (Gabrielle d'). — Maîtresse de Henri IV (1590).

2560 Epée (l'abbé de l'). — Fondateur de l'institution des sourds-muets (1760).

2561 François Ier. — Roi de France (1515).

2562 François II. — Roi de France (1559).

2563 Fontanges (duchesse de). — Maîtresse de Louis XIV (1678), mourut à vingt ans (1681).

2564 Ferronnière (la belle). — Maîtresse de François Ier (1520).

2565 Fénélon (de Salignac, abbé de). — Connu par sa charité, condamné à mort (1794).

2566 Fornarina. — Modèle du peintre Raphaël (1500).

2567 Grignan (comtesse de). — Fille de Madame de Sévigné (1680).

2568 Gaston de France (duc d'Orléans). — Fils de Henri IV et frère de Louis XIII (1620).

2569 Genlis (Mme la comtesse de). — Femme de lettres (1760).

2570 Gensonné. — Conventionnel, décapité (1794).

2571 Guadet. — Conventionnel, décapité (1794).

2572 Gouvion Saint-Cyr (Laurent). — Maréchal de France (1812), ministre de la guerre (1816).

2573 Grégoire (vulgairement nommé l'abbé). — Conventionnel (1792), sénateur (1801), député (1819).

2574 Henri II. — Fils de François Ier, roi de France (1547).

2575 Henri III. — Roi de France (1580).

2576 Henri IV (dit le Grand), surnommé le bon Henri. — Roi de France (1589), assassiné par Ravaillac le 14 mai 1610.

2577 Henri IV et Gabrielle — Par Fragonard.

2578 Henriette d'Angleterre (duchesse d'Orléans). — Femme de Philippe, duc d'Orléans, frère de Louis XIV (1661).

2579 Henriette de France. — Reine d'Angleterre (1625), fille de Henri IV, femme de Charles Ier, roi d'Angleterre.

2580 Hortense (Eugénie de Beauharnais). — Reine de Hollande (1806), mère de Napoléon III (1808).

2581 Hoche (Lazare), dit le pacificateur de la Vendée. — Général en chef des armées de la République française (1797).

2582 Héloïse. — Amante d'Abeilard (1120).

2583 Hérodiade. — Remarquable par sa beauté (96 avant J.-C.).

2584 Isabeau de Bavière. — Reine de France, femme de Charles VI (1392).

2585 Jeanne d'Albret.

2586 Jeanne d'Arc (surnommée la Pucelle d'Orléans).— Délivra Orléans 1429 ; condamnée par les Anglais à être brûlée vive à Rouen le 30 mai 1431.

2587 Joséphine (l'impératrice).— Première femme de Napoléon Ier (1796); divorça en 1809.

2588 Jean (dit le Bon). — Roi de France (1320).

2589 Junot (Andoche), duc d'Abrantès. — Général (1801), gouverneur de Paris (1804).

2590 Kléber (Jean-Baptiste). — Général français (1800).

2591 Louis IX ou saint Louis. — Roi de France (1226), fils de Louis VIII.

2592 Louis XI.—Roi de France (1461), fils de Charles VII.

2593 Louis XII, dit le Père du peuple. — Roi de France (1498), petit-fils de Charles V.

2594 Louis XIII, dit le Juste. — Roi de France (1610), fils de Henri IV.

2595 Louis XIV, dit le Grand. — Roi de France (1643), fils de Louis XIII.

2596 Louis XV.—Roi de France (1725), arrière petit-fils de Louis XIV.

2597 Louis XVI. — Roi de France (1774), petit-fils de Louis XV, exécuté le 21 janvier 1793.

2598 Louis XVII, deuxième fils de Louis XVI, reconnu roi de France par les émigrés et les étrangers (1793), mourut au Temple, âgé de dix ans, le 8 juin 1795.

2599 Louis XVIII, dit le Désiré, frère de Louis XVI.—Roi de France (1815).

2600 Louis, dauphin, appelé Monseigneur. — Fils de Louis XIV (1680).

2601 Louis (duc de Bourgogne). — Petit-fils de Louis XIV, père de Louis XV (1711).

2602 Louis-Philippe-Joseph (dit Philippe-Egalité). — Membre de la Convention, exécuté le 6 novembre 1793, père de Louis-Philippe, roi de France (1830).

2603 Larochejacquelin (Henri de). — —Fameux chef vendéen (1793).

2604 Lamoignon de Malesherbes. — Ministre sous Louis XVI (1775-1787), avocat défenseur de Louis XVI (1794).

2605 Lebrun (duc de Plaisance). — Troisième consul du premier Empire, grand-maître de l'Université (1810).

2606 Lapérouse. — Célèbre navigateur sous Louis XVI (1785).

2607 Lescure (marquis de). — Général vendéen (1793).

2608 Lafayette (Gilbert Motier, marquis de). — Commandant de la garde nationale (1789), député (1820), commandant de la garde nationale (1830).

2609 Lafayette (Madame), née de la Vergne. — Femme de lettres 1670.

2610 Lannes (duc de Montebello). — Général français (1797), maréchal du premier Empire (1805).

2611 Lorraine (Henri de), duc de Guise, dit le Balafré. — Chef de la Ligue (1576).

2612 Lavallière (Mademoiselle de). — Maîtresse de Louis XIV (1661).

2613 Lavalette (Madame de), née Beauharnais. — Nièce de l'impératrice Joséphine (1789).

2614 Longueville (duchesse de). — Sœur du grand Condé (1650).

2615 Louise de Savoie (duchesse d'Angoulême). — Mère de François Ier, régente en 1515.

2616 Lamballe (princesse de). — Amie dévouée de Marie-Antoinette, en fut victime (1792).

2617 Leczinska (Marie). — Fille du roi Stanislas de Pologne, femme de Louis XV (1726).

2618 Lafontaine (Jean). — Auteur des fables dites de Lafontaine (1668).

2619 Laure (dite la belle Laure). — Immortalisée par Pétrarque (1327).

2620 Luther (Martin). — Chef de réforme religieuse (1500).

REPRODUCTIONS

de

TABLEAUX AYANT RAPPORT A LOUIS XVI

2622 Famille de Louis XVI. — Arbre et vase.

2623 Journée du 20 juin 1792. — Par Bouillon.

2624 Jugement de Marie-Antoinette.— Par Bouillon.

2625 Séparation de Marie-Antoinette.— Par Bouillon.

2626 Dévouement de Mme Elisabeth.— Par Bouillon.

2627 Jugement de Louis XVI. — Par Miller.

2628 Les adieux de Louis XVI. — Par Benazeck.

2629 Séparation de la famille. — Par Benazeck.

2630 La mort de Louis XVI. — Par Benazeck.

2631 L'interrogatoire de la reine. — Par Pellegrini.

2632 L'arrestation à Varennes. — Par Pellegrini.

2633 La reine traînée en prison. — Par Pellegrini.

2634 Séparation du dauphin. — Par Pellegrini.

2635 Nuit du 28 juillet 1794. — Par Harriet.

2636 Le 31 mai 1793. — Par Harriet.

2637 Adieux de Louis XVI. — Par Thomas.

2638 Adieux de Marie-Antoinette. — Par Bourse.

2639 Arrestation de Charlotte Corday au Louvre. — Par Scheffer.

2640 Interrogatoire de Charlotte Corday. — Par Mlle Thomas.

2641 Louis XVI à la Conciergerie.

2642 Marie-Antoinette à la Conciergerie.

2643 Louis XVI,—Marie-Antoinette,— Louis XVII, — Mme Royale,— Mme Elisabeth, — princesse de Lamballe. — Groupe de 6.

2644 Tombeau de Louis XVI.

2645 Marie-Antoinette à Trianon. — Par Muller.

2646 Marie-Antoinette à la Conciergerie. — Par Muller.

2647 Marie-Antoinette. — Par P. Delaroche.

2648 Marie-Antoinette au tribunal révolutionnaire. — Par P. Delaroche.

2649 Les enfants de Louis XVI. — Par Robert Fleury.

2650 Groupe depuis Louis XVI à Charles X. — Groupe de 12.

2651 Famille de Louis XVI. — Groupe de 6.

2652 Montbazon (Marie de Rohan, duchesse de Chevreuse). — Femme célèbre par son esprit et sa beauté (1617).

2653 Marie de Médicis. — Fille de François Ier, femme d'Henri IV, mère de Louis XIII (1600)

2654 Montespan (la marquise de). — Maîtresse de Louis XIV (1680).

2655 Marion Delorme. — Célèbre courtisane, maîtresse de Louis XIII.

2656 Marie Touchet. — Maîtresse de Charles IX (1560).

2657 Montesson (marquise de). — Femme de talent, femme du duc d'Orléans (1772).

2658 Marie-Thérèse d'Autriche. — Fille de l'empereur Charles VI, impératrice d'Autriche (1748).

2659 Montpensier (Mlle, duchesse de). — Règne de Louis XVI (1660).

2660 Marie Stuart. — Reine d'Ecosse et de France, condamnée à mort (1587).

2661 Marie-Antoinette d'Autriche. — Femme de Louis XVI, fille de Marie-Thérèse, condamnée à mort, exécutée le 16 octobre 1793.

2662 Marie-Antoinette et ses enfants. —

2663 Mme Royale. — Fille de Louis XVI (1774).

2664 Maine (duchesse du), Anne de Bourbon). — Petite fille du grand Condé (1740).

2665 Marguerite de France. — Reine de Navarre, fille de Henri II, première femme de Henri IV (1572).

2666 Marguerite de Valois. — Reine de Navarre, mère de Henri IV (1528).

2667 Marguerite de Provence. — Femme de Saint-Louis (1242).

2668 Marie-Louise (impératrice). — Deuxième femme de Napoléon Ier.

2669 Mancini (Hortense). — Femme du duc de Mazarin (1661).

2670 Mazarin (Jules). — Cardinal, ministre de France (1643).

2671 Mirabeau (comte de). — Le plus grand orateur de la révolution française (1790).

2672 Marat (Jean-Paul). — Fameux démagogue, assassiné par Ch. Corday (13 juillet 1793).

2673 Montaigne (Michel-Eyquem de). — Philosophe célèbre (1577).

2674 Mathieu - Molé. — Garde des sceaux (1650).

2675 Murat (Joachim). — Roi de Naples (1808), gouverneur de Paris (1804), fusillé le 13 octobre 1815.

2676 Marceau. — Général de division (1794).

2677 Masséna (André), prince d'Essling, surnommé l'enfant chéri de la victoire. — Maréchal de France (1809).

2678 Macdonnald (duc de Tarente). — Maréchal de France (1809), grand chancelier (1816).

2679 Massillon (J. B.). — Célèbre orateur catholique (1717).

2680 Molière (Poquelin, dit). — Auteur célèbre (1650).

2681 Montesquieu (Ch., baron de). — Auteur célèbre (1734).

2682 Melanchton (Philippe). — Chef de réforme religieuse (1500).

2683 Napoléon Bonaparte. — Empereur des Français (1804), mort à Sainte-Hélène (1821).

2684 Napoléon Bonaparte. — Sur son lit de mort, presse la croix d'honneur qu'il a instituée.

2685 Napoléon Bonaparte et son fils le roi de Rome. — D'après Steuben.

2686 Adieux de Napoléon Bonaparte. — Par Grenier.

2687 Clémence de Napoléon Bonaparte. — Par Gosse.

2688 Ney (Michel). — Maréchal de l'Empire (1804), fusillé le 7 décembre 1815.

2689 Ninon de l'Enclos. — Femme célèbre par sa beauté et son esprit (1640).

2690 Provence (comtesse de). — Femme de Louis XVIII (1790).

2691 Philippe de France (duc d'Orléans). — Fils de Louis XIII (1610).

2692 Princesse des Uursins (Marie de la Trémouille). — Règne de Louis XIV (1704).

2693 Pompadour (marquise de), dame Lenormand d'Etoiles. — Maîtresse de Louis XV (1744).

2694 Philippe d'Orléans. — Régent, minorité de Louis XV (1715).

2695 Parabère (Mme de). — Règne de Louis XV (1725).

2696 Pethion (dit de Villeneuve). — Conventionnel (1790), maire de Paris (1791).

2697 Philippe VI de Valois. — Roi de France (1724).

2698 Pétrarque (François). — Célèbre poète italien (1340).

2699 Pascal (Blaise). — Célèbre écrivain et géomètre (1636).

2700 Richelieu (cardinal de), Armand Du Plessis. — Célèbre ministre de Louis XIII (1623).

2701 Roland (de la Platrière). — Ministre de l'intérieur (1792).

2702 Roland (Mme) Manon - Jeanne-Philipon. — Femme du précédent, rédactrice du *Courrier de Lyon* (1793), condamnée à mort le 8 novembre 1793.

2703 Récamier (Mme Julie-Bernard, dame). — Femme célèbre et à la mode sous le premier Empire.

2704 Robespierre (Maximilien), dit l'incorruptible. — Accusateur public (1791), membre à la Convention (1792), décapité le 28 juillet 1794.

2705 Reichstadt (Joseph-Napoléon, duc de). — Fils de Napoléon Ier et de Marie-Louise (1811).

2706 Rousseau (Jean-Jacques). — Célèbre écrivain (1730).

2707 Racine. — Célèbre tragique, poète (1660).

2708 Rubens. — Célèbre peintre flamand (1600).

2709 Raphaël. — Célèbre peintre romain (1500).

2710 Sévigné (marquise de). — Femme célèbre par ses lettres (1650).

2711 Sombreuil (Mlle de). — Fille du gouverneur des Invalides (1792).

2712 Sablière (Mme de la). — Femme remarquable par son esprit et par ses bienfaits (1660).

2713 Staël-Holstein (baronne de). — Célèbre femme auteur (1800).

2714 Sully (de Béthune, duc de). — Ministre des finances sous Henri IV, gouverneur de la Bastille (1610).

2715 Siezès (l'abbé), comte de l'Empire. — Membre du Directoire (1799), sénateur.

2716 Soult (Nicolas-Jean-de-Dieu). — Ministre de la guerre (1814), pair de France (1827), ministre de la guerre (1830-1840).

2717 Suchet (duc d'Albuféra). — Maréchal de l'Empire (1812), pair de France (1814).

2718 Schiller (Christophe). — Célèbre poète allemand (1770).

2719 Shakespeare (William). — Célèbre poète anglais (1589).

2720 Tallien (J.-Lambert). — Révolutionnaire, établit le régime de la Terreur (1794).

2721 Tallien (Mme Thérèse-Cabarrus). — Femme du précédent, célèbre par sa beauté.

2722 Talleyrand-Périgord (de), prince de Benevent. — Grand diplomate (1814).

2723 Turenne (H. de la Tour-d'Auvergne, vicomte de). — Maréchal-général (1660), premier tacticien de l'Europe.

2724 Thou (Jacques Auguste de). — Historien, rédacteur de l'édit de Nantes (1600).

2725 Théroigne de Mirecourt. — Révolutionnaire (1793).

2726 Tasse (Le).— Poète italien (1570).

2727 Vincent de Paul (Saint).—Homme
charitable et dévoué (1610).

2728 Vergniaud (Victorin). — Célèbre
orateur girondin, exécuté le
31 octobre 1793.

2729 Valazé (Dufriche de).—Conventionnel, se tua en entendant
prononcer son arrêt de mort
(1793).

2730 Voltaire (Arrouet de). — Grand
poète et littérateur (1740).

2731 Walter Scott. — Célèbre poète et
romancier (1810).

2732 Le Tasse, poète italien (1570).—
Virgile, poète italien (69 avant
J.-C.). — Arioste, poète italien
(1520). — Dante, poète italien
(1280). — Groupe.

2733 Les quatre maréchaux de l'Empire : (Lannes. — Masséna. —
Ney. — Soult).— Groupe.

2734 Les quatre généraux de l'Empire : (Kléber. — Hoche. —
Marceau.— Desaix).—Groupe.

THÉATRES

—

GRAND-OPÉRA

2735 Mmes Augustine.
2736 Aline.
2737 Alexandre.
2738 Aymez.
2739 Bossi.
2740 Baratte.
2741 Beaugrand.
2742 Bengraff.
2743 Bulher.
2744 Balson.
2745 Bourguignon aîné.
2746 Bourguignon jeune.
2747 Bréard.

2748 Mmes Brunette.
2749 Brache-Coralie.
2750 Buisson.
2751 Brache (jeune).
2752 Blanche.
2753 Bioletti.
2754 MM. Berthier.
2755 Bauchet.
2756 Belval.
2758 Bonnehée.
2759 Bertrand.
2760 Borchardt.
2761 Mmes Caroline.

2762 Mmes Coralli.
2763   Crétin.
2764   Cruvelli (Sophie).
2765   Cassegrain.
2766   Cérito.
2767   Corine.
2768   Corali.
2769   Camille.
2770   Carabin.
2771   Céleste.
2772   Cécile.
2773 MM. Cazeaux.
2774   Chapuis.
2775   Cornet.
2776   Cléophas.
2777 Mmes Dussy (Marie).
2778   Ducimetière.
2779   Danse.
2780   Dansfeld (N.).
2781   Dansfeld aînée.
2782   Deléonet aînée.
2783   Deléonet jeune.
2784   Dabbas jeune.
2785   Dominique.
2786   Dauve.
2787   Douvry.
2788   Demarson.
2789 MM. Danty.
2790   Dufrêne.
2791   Duprez.
2792   Dumestre.
2793   Dulaurens.
2794 Mmes Emarot.
2795   Eugénie.
2796   Ferraris.
2797   Fiocre (Louise).

2798 Mmes Fiocre (Eugénie).
2799   Fonta (Laura).
2800 MM. Faure.
2801   Fréret.
2802   Fraissinet.
2803 Mmes Gueymard.
2804   Guichart.
2805   Guy Stephan.
2806   Genty.
2807   Guerner.
2808   Gambelon.
2809   Godfrend,
2810   Génat.
2811   Gabot.
2812   Georgot.
2813   Gramplon.
2814 MM. Gueymard.
2815   Gabiot.
2816 Mmes Hamakers.
2817   Jouse.
2818   Juliette.
2819 M. Kœnig.
2820 Mmes Livry (Emma).
2821   Leroy.
2822   Lecerf.
2823   Lescars.
2824   Lenfant.
2825   Laurent.
2826   Lamy.
2827   Leiter.
2828   Leroy.
2829   Leroux (Pauline).
2830   Lacroix.
2831   Lefebvre.
2832   Lesage.
2833   Legatu (Clémentine).

2834 M. Levasseur.

2835 Mmes Morlot.

2836 Marquet.

2837 Moreau-Sainti.

2838 Morando.

2839 Montaubry (Blanche).

2840 Marchisio (Barbara).

2841 Marchisio (Carlotta).

2842 Millière.

2843 Mauperin aîné.

2844 Mauperin jeune.

2845 Masson, première danseuse.

2846 Masson, deuxième danseuse.

2847 Mercier.

2848 Moncelet.

2849 Morelli.

2850 Mathilde.

2851 Marie.

2852 Malo.

2853 Marconnais.

2854 Mourawieff.

2855 Malvina.

2856 MM. Michot.

2857 Merante.

2858 Mechfaëre.

2859 Massol.

2860 Marcelli.

2861 Mazillier.

2862 Marié.

2863 Morère.

2864 Mmes Nathan.

2865 Nella.

2866 MM. Nourrit (Adolphe).

2867 Niémann.

2868 Obin.

2869 Mmes Petipa (Marie).

2870 Pommeraye (de la).

2871 Mmes Parent.

2872 Pilvois.

2873 Pitteri.

2874 Petit.

2875 Pradher.

2876 Poully.

2877 MM. Petipa.

2878 Petit.

2879 Mme Quéniau.

2880 M. Quentin.

2881 Mmes Rosati.

2882 Rousseau.

2883 Renault.

2884 Rebard.

2885 MM. Royer, directeur.

2886 Roger.

2887 Rémond.

2888 Rust.

2889 Renard.

2890 Roudil.

2891 Mmes Stolz.

2892 Sax (Marie).

2893 Schlosser.

2894 Ségaud.

2895 Stoïkoff.

2896 Simon.

2897 Sylvia Judith.

2898 Sanlaville.

2899 Saville.

2900 Saint-Aquet.

2901 MM. Saint-Léon.

2902 Sapin.

2903 Mmes Taglioni.

2904 Taisi.

2905 Trois-Valets.

2906 Tédesco.

2907 Thibert.

2908 Mmes Touzard.
2909 Tarlet.
2910 Vandenheuvel-Duprez.
2911 Villers.
2912 Vibon.
2913 Viardot (Pauline).
2914 Vestrali.
2915 Vernon (Marie).

2916 Mmes Vernet.
2917 Valet.
2918 Villaret.
2920 Wolter.
2921 Wartel.
2922 Zina Richard.
2924 Opéra (danse). — Groupe de 37.

COMÉDIE-FRANÇAISE

2925 Mmes Arnoult-Plessy.
2926 Alice Théric.
2927 Arnould Plessy et Guyon.
— Groupe.
2928 MM. Ariste.
2929 Mmes Brohan (Madeleine).
2930 Brohan (Augustine).
2931 Bonval.
2932 Bernard.
2933 MM. Bressant.
2934 Bocage.
2935 Barré.
2936 Mmes Colas (Stella).
2937 Colas (Augusta).
2938 M. Chéri.
2939 Mmes Deschamps (Rose).
2940 Devoyod.
2941 Didier (Rosa).
2942 Dorval.
2943 Denain.
2944 Dupont.
2945 Dupont (Marie).
2946 M. Delaunay.
2947 Mme Fleury (Emma).

2948 Mmes Fix (Delphine).
2949 Figéac.
2950 Favart.
2951 Georges.
2952 Guyon.
2953 MM. Geffroy.
2954 Got.
2955 Garraud.
2956 Guichard.
2957 Mme Hugon.
2958 Mmes Jouvante.
2959 Jouassin.
2960 Jouanni.
2961 Lambquin.
2962 Leroux.
2963 Lekain.
2964 Mars.
2965 Mirecourt.
2966 MM. Maubant.
2967 Monrose.
2968 Métreine.
2969 Mirecourt.
2970 Mathieu.
2971 Maillart.

En vente à la Centralisation de photographies, Ch. Ségoffin, à Paris.

2972 Mme Nathalie.
2973 M. Provost père.
2974 Provost fils.
2975 Ponsin.
2976 Mmes Rachel.
2977 Riquier (Edile).
2978 Royer (Marie).
2979 MM. Regnier.
2980 Samson.
2981 Mme Théric.
2982 MM. Talma.
2983 Therci.
2984 Tordeus.
2985 Worms.

ITALIENS

2986 Mme Alboni.
2987 M. Angelini.
2988 Mmes Borghi-Mamo.
2989 Bosio.
2990 Battu.
2991 Bérini.
2992 Brunetti.
2993 MM. Beaucardé.
2994 Badiali.
2995 Beletti.
2996 Bartolini.
2997 Calzado fils, ex-directeur.
2998 Capello.
2999 Capponi.
3000 Mme Dottini.
3001 MM. Delle-Sedie.
3002 Dai-Fiori.
3003 Dalmondi.
3004 Mmes Frezzolini.
3005 Grisi.
3006 Guerra.
3007 MM. Grazziani.
3008 Gardoni.
3009 Geraldy.
3010 Mmes Laboire.
3011 Leva.
3012 MM. Lablache.
3013 Lucchesi.
3014 Mmes Malibran.
3015 Marchesi.
3016 Monniot.
3017 Malhet.
3018 Monterasi.
3019 M. Mario.
3020 Mme Nantier-Didier.
3021 M. Naudin.
3022 Mmes Piccolomini.
3023 Penco.
3024 Patti (Adelina).
3025 MM. Pancani.
3026 Porto.
3027 Patriossi.
3028 Palmieri.
3029 Mme Ristori.
3030 M. Rubini.
3031 Mmes Sontag.
3032 Sarolta.
3033 MM. Salvini.
3034 Soldi.
3035 Soldi Guilio.
3036 Mmes Trébelli.
3037 Tédesco.

3038 MM. Tagliafico.
3039   Tamberlick.
3040   Tamburini.
3041 Mᵐᵉ Volpini.
3042 MM. Volpini.

3043 MM. Vestri.
3044   Zucchini.
3045 Célébrités du Théâtre-Italien. — Groupes.
3046 Théâtre-Italien. — Groupe de 12.

OPÉRA-COMIQUE & LYRIQUE

3047 Mᵐᵉˢ Alexandrine.
3048   Alitia Gall.
3049   Angélina.
3050 MM. Achard (Léon).
3851   Ambroise.
3052 Mᵐᵉˢ Baretti.
3053   Bélia.
3054   Balbi.
3055   Bazille, répétiteur du chant.
3056 MM. Barielle.
3057   Bataille.
3058   Berthelier.
3059   Balanqué.
3060   Beaucé.
3061   Bousquet.
3062   Buiffret.
3063 Mᵐᵉˢ Cabel (Marie).
3064   Cico.
3065   Ceretti.
3066   Chatenet.
3067 MM. Crosti.
3068   Capoul.
3069   Caussade.
3070   Cavé.
3071   Cordier.
3072   Cœuilte.

3073 Mᵐᵉˢ Dugazon.
3074   Damoreau-Cinti.
3075   Dupuy.
3076   Durand.
3077 MM. Duvernoy père.
3078   Delaunay-Riquier.
3079 Mᵐᵉ Élisa.
3080 M. Elleviou.
3081 Mᵐᵉˢ Faure-Lefebvre.
3082   Faivre (Amélie).
3083   Faivre (Marie).
3084   Ferdinand.
3085   Fany.
3086 MM. Fromant.
3087   Franche.
3088 Mᵐᵉˢ Girard.
3089   Gilliers (Ida).
3090   Gompertz (Fanny).
3091   Gompertz (Henriette.
3092 MM. Girardot.
3093   Gourdin.
3094   Grillon.
3095   Gabriel.
3096   Guyot.
3097   Holtzem.
3098 Mᵐᵉ Jousset.

3099	M.	Jourdan.
3100	Mme	Lemercier.
3101	MM.	Lefort (Jules).
3102		Lesage.
3103		Legrand.
3104		Lemaire.
3105	Mmes	Meillet.
3106		Moreau.
3107		Monrose.
3108		Miolan-Carvalho.
3109		Montero.
3110		Massin.
3111		Morin (Olympe).
3112	MM.	Montjauze.
3113		Meillet.
3114		Montaubry.
3115		Masset.
3116		Marchand.
3117		Nathan.
3118	Mmes	Orwil.
3119		Prost.
3120	MM.	Ponchard père.
3121		Ponchard fils.
3122	MM.	Palianti.
3123		Prilleux.
3124		Papin.
3125		Puget.
3126		Peschard.
3127	Mmes	Ricquier.
3128		Rozier.
3129		Reboux.
3130	M.	Raynal.
3131	Mmes	Solange.
3132		Saint-Urbain.
3133	MM.	Sainte-Foy.
3134		Sérène.
3135		Stenman.
3136	Mme	Triblement (Fanny).
3137	M.	Troy.
3138	Mmes	Ugalde.
3139		Vadé.
3140		Vadé (Caroline).
3141		Wertheimber.
3142	MM.	Wartel fils.
3143		Warot.
3144	Mme	Zévaco.

ODÉON

3145	Mmes	Agar.
3146		Arène.
3147		Angélina.
3148	M.	Armand.
3149	Mmes	Bertin.
3150		Beuzeville.
3151		Brunet.
3152		Brache (Malvina).
3153		Brissart.
3154	Mmes	Chatillon.
3155		Delahaye.
3156		Dambricourt.
3157		Debonne.
3158		Deborah.
3159	MM.	Dubarry.
3160		Demarsy.
3161		Emmanuel.
3162		Étienne.

3163 Mme Enjalbert.
3164 MM. Fréville.
3165   Gibeau.
3166   Harville-Brindeau.
3167 Mme Karoly.
3168 M. Kime.
3169 Mmes Lemaire.
3170   Mosé.
3171   Méa.
3172 MM. Marck.
3173   Noailles.
3174 Mmes Picard.
3175   Pauline.
3176 MM. Pierron.
3177   Philippe.

3178 Mmes Ramelli.
3179   Regny.
3180   Rousseil.
3181 MM. Rounat (de la), directeur.
3182   Ribes.
3183   Rogé.
3184   Rey.
3185   Riga.
3186 Mmes Simons.
3187   Suzanne Jouffroy.
3188 MM. Saint-Léon.
3189   Scipion.
3190 Mmes Thuillier.
3191   Tordeus.
3192 MM. Tisserant.
3193   Thiron.

GYMNASE

3194 Mmes Antonine.
3195   Albrecht (Henriette).
3196   Bloch.
3197   Bressant (Marie).
3198 MM. Bouffé.
3199   Blaisot.
3200   Berton fils.
3201   Blondel.
3202   Berton père.
3203 Mmes Chéri (Rose).
3204   Delaporte.
3205   Dieudonné.
3206   Delval.
3207   Desclée.

3208 MM. Dieudonné.
3209   Dupuis.
3210   Desrieux.
3211   Derval.
3212 Mme Fromentin.
3213 MM. Francisque jeune.
3214   Geoffroy.
3215   Georges.
3216 Mmes Lambert (Marie).
3217   Léonie Leblanc.
3218 MM. Lafontaine.
3219   Lesueur.
3220   Landrol.
3221   Lafont.

3222 MM. Luguet.
3223   Lemenel fils.
3224   Lefort.
3225 Mmes Mélanie.
3226   Montalant (Céline).
3227 M. Monvel.

3228 M. Montigny, directeur.
3229 Mme Pélissier.
3230 MM. Priston.
3231   Touzet.
3232   Train.
3233 Mme Victoria.

VAUDEVILLE

3234 Mmes Athalie Manvoy.
3235   Alexis.
3236 MM. Aubrée.
3237   Aurel.
3238 Mmes Brindeau.
3239   Blot.
3240   Bodin.
3241 MM. Benon, directeur.
3242   Boisselot.
3243   Bastien.
3244   Balard.
3245   Blondert.
3246 Mmes Colson.
3247   Cellier.
3248   Clotilde.
3249 M. Chaumont.
3250 Mmes Dinah-Félix.
3251   Doche.
3252   Duplessy.
3253   David (Esther).
3254 MM. Dormeuil père, directeur.
3255   Durieu.
3256   Delannoy.
3257   Deschamps.
3258 Mmes Félix (Lia).
3259   Fargueil.
3260   Félix

3261 MM. Fechter.
3262   Febvre.
3263   Fontenay.
3264 Mmes Granier (Irma).
3265   Gabrielle.
3266 M. Galabert.
3267 Mme Hannegresse.
3268 MM. Hamburger.
3269   Joliet.
3270 Mmes Lambquin.
3271   Léontine.
3272   Léonie Leblanc.
3273 M. Munié.
3274 Mme Nathalie.
3275 MM. Nertann.
3276   Négrier.
2277 Mmes Pierson.
3278   Protat.
3279 M. Parade.
3280 Mmes Riquier.
3281   Rousseil.
3282   Simon (Adèle).
3283   Suron.
3284 MM. Saint-Germain.
3285   Schaub.
3286 Mmes Ulric Lejars.

VARIÉTÉS

3287 Mmes Abingdon.
3288   Alphonsine.
3289   Armanda.
3290   Augustine.
3291 MM. Arnal.
3292   Albert.
3293   Alexandre.
3294   Aurèle.
3295   Ambroise.
3296 Mmes Basta.
3297   Bruet (Ernestine).
3298   Bolzaquet.
3299 MM. Blondelet.
3300   Bazin.
3301 Mmes Berry.
3302   Bonheur.
3303   Beauchamps.
3304   Battaglini.
3305   Chenat (Léonie).
3306   Clotilde.
3307   Constance.
3308   Colombe.
3309 MM. Christian.
3310   Charier.
3311 Mmes Dubuisson.
3312   Dolcy.
3313   Dahmen.
3314   Daudoird.
3315   Delphine.
3316   Durand (Lucile).
3317   Dutertre.

3318 Mmes Dorléans.
3319   Derosnay.
3320   Desmont.
3321 M. Dupuis.
3322 Mmes Esther.
3323   Emma.
3324   Eugénie.
3325   Elisa.
3326   Ernestine.
3327   Faye-Lucie.
3328 M. Forestier.
3329 Mmes Géraudon (de).
3330   Gervais.
3331   Germani.
3332 MM. Guyon.
3333   Genevois.
3334   Grenier.
3335   Godard.
3336 Mmes Henry (Amélie).
3337   Henry (Marie).
3338   Hélène.
3339 MM. Heuzey.
3340   Hendelard.
3341 Mmes Irma.
3342   Jeanne.
3343   Kleine.
3344   Keller.
3345 M. Kopp.
3346 Mmes Leonie Leblanc.
3347   Lucie.
3348   L'allaud.

3349 Mᵐᵉˢ Léa.	3368 Mᵐᵉ Paula.
3350 Lauters.	3369 M. Pastelot.
3351 Lebreton.	3370 Mⁿᵉ Ramage.
3352 MM. Leclerc.	3371 MM. Raynard.
3353 Lucien.	3372 Rolland.
3354 Lassaigne.	3373 Mᵐᵉˢ Schrivaneck.
3355 Mᵐᵉˢ Moïse.	3374 Sophie.
3356 Mayer.	3375 Suzanne.
3357 Mermet (Louise).	3376 Silly.
3358 Marly.	3377 Silly. — Groupe dans toutes ses poses.
3359 Madeleine.	
3360 Mariani.	3378 Taulin.
3361 Mignonne.	3379 Taulin et Rose Deschamps. — Groupe.
3362 MM. Montrouge.	
3363 Michel (Alexandre).	3380 Theric.
3364 Millaux.	3381 M. Thierry.
3365 Mᵐᵉˢ Nathalie.	3382 Mᵐᵉˢ Victorine.
3366 Nathalie, 2.	3383 Victoire.
3367 Pauline (Ximenès).	3384 M. Videy.

PALAIS-ROYAL

3385 Mᵐᵉˢ Antonia.	3399 Mᵐᵉˢ Deschamps (Elisa).
3386 Alida.	3400 Damain.
3387 Aubry (Brigitte).	3401 Ducellier.
3388 MM. Amant.	3402 Dubouchet.
3389 Brasseur.	3403 Duval (Aline).
3390 Berthelier	3404 Daroux.
3391 Bonnet.	3405 Dubut (Louise).
3392 Mᵐᵉˢ Bilhaut (Hélène).	3406 Dahmen.
3393 Bilhaut (Elisa).	3407 MM. Dormeuil fils, directeur.
3394 Charlotte.	3408 Delannoy.
3395 Cico.	3409 Mᵐᵉˢ Fournier.
3296 Crénisse.	3410 Flore.
3397 Christianne.	3411 M. Fizelier.
3398 Chrétienno.	3412 Mᵐᵉˢ Georgette.

3413 Mme Gaussat.
3414 MM. Grassot.
3415 Gil-Pérès.
3416 Gaston.
3417 Geoffroy.
3418 Mme Henry.
3419 M. Hyacinthe.
3420 Mmes Irma.
3421 Jairin (Rose).
3422 M. Kalekaire.
3423 Mmes Lucille.
3424 Lucue.
3425 Lasseny.
3426 MM. Lassouche.
3427 L'héritier.
3428 Luguet (René).
3429 Lorentz.
3430 Mmes Martine.
3431 Melcy.
3432 Madeline.
3433 Milla.

3434 Mathilde.
3435 Marguerite.
3436 Maria.
3437 M. Neuville.
3438 Mmes Pelissier (Juliette).
3439 Prevost (Charlotte).
3440 MM. Plunkett, directeur·
3441 Poirier.
3442 Priston.
3443 Pradeau.
3444 Pellerin.
3445 Mme Ribeaucourt (de).
3446 M. Ravel.
3447 Mmes Schneider.
3448 Thierret.
3449 Punch Grassot.
3450 Mariée du Mardi-Gras.
3451 Jour gras de Madame.
3452 Savonnette impériale.
3453 Pays des Echasses.

CHATELET

(Ancien Cirque).

3454 Mmes Amélie.
3455 Belin.
3456 Bremont.
3457 Chatenay (Léontine).
3458 Clarisse.
3459 Céréza.
3460 Croci-Fernando.
3461 Cassard.
3462 Clémence.

3463 MM. Colbrun.
3464 Clément-Just.
3465 Croci Fernando.
3466 Mmes Derville.
3467 Darby (Blanche).
3468 Dedieu.
3469 MM. Darcier.
3470 Delaistre.
3471 Donato.

En vente à la Centralisation de photographies, Ch. Ségoffin, à Paris.

3472 Mmes Esclozas.
3473   Eydens.
3474   Eugénie.
3475   Elu.
3476 MM. Esclozas.
3477 Mmes Félicie.
3478   Ferus.
3479 M. Francesco (de)
3480 Mmes Geoffroy.
3481   Garberoglio.
3482   Godelle.
3483   Grosse.
3484   Guillemin et Sophie. — Groupe.
3485 M. Gouget.
3486 Mmes Hennequart.
3487   Hélène.
3488 M. Jenneval.
3489 Mmes Laurent (Eudoxie).
3490   Lagrange (Pauline).

3491 MM. Lehmann.
3492   Lebel.
3493   Lemonnier.
3494 Mmes Miroy (Clarisse).
3495   Marguerite.
3496   Mélanie.
3497 M. Noël.
3498 Mme Page.
3499 M. Rougemont.
3500 Mmes Schwartz (Félicité).
3501   Suzanne.
3502   Thaïs Petit.
3503 M. Theol.
3504 Mmes Vigne.
3505   Virginie.
3506   Varennes.
3507 MM. Violet.
3508   William.
3509 Mme Weysmaël.

PORTE-SAINT-MARTIN

3510 Mmes Abollard (Louise).
3511   Albert.
3512   Argentine.
3513   Adèle.
3514   Anna.
3515   Alexandrine.
3516   Bossi (Giuseppina).
3517   Borelli.
3518   Bartholi.
3519 MM. Boulin.
3520   Bousquet.
3521 Mmes Conti.
3522   Chevalier (Lucile).

3523 Mmes Chapuy.
3524   Cheldi (Adèle).
3525   Clarisse.
3526   Clauzade.
3527   Chatelot.
3528   Dabbas (Alexandrine).
3529   Dabbas (Julie).
3530   Defodon.
3531   Darty.
3532   Delan (Félicie).
3533   Désirée.
3534   Emely.
3535   Esther.

3536 Mmes Eugénie.	3567 Mmes Molina.

3536 Mmes Eugénie.
3537　　　Estelle.
3538　　　Fréval (Lucie).
3539　　　Favre.
3540　　　Fiorine (Marie).
3541　　　Fiorine (Esther).
3542　　　Fiordalice.
3543 MM. Ferrier.
3544　　　Fusch. — Maître de ballet.
3545　　　Fleury.
3546 Mmes Grandet (Marie).
3547　　　Guichart.
3548　　　Gabrielle.
3549 MM. Hurbin.
3550　　　Huchard.
3551 Mme Julia.
3552 MM. Josse.
3553　　　John-Blick.
3554 Mmes Lagier (Suzanne).
3555　　　Laurent (Marie).
3556　　　Lecerf.
3557　　　Lebert.
3558　　　Lagattu (Clémentine).
3559 MM. Lafargue, administrateur.
3560　　　Lemaître (Frédérick).
3561　　　Laferrière.
3562　　　Lacressionnière.
3563　　　Laurent.
3564　　　Luguet.
3565　　　Laray.
3566　　　Lemaître (Charles).

3567 Mmes Molina.
3568　　　Magny.
3569　　　Martini.
3570　　　Mary.
3571　　　Morel.
3572　　　Mélanie.
3573 MM. Marc-Fournier, directeur.
3574　　　Muscadel.
3575　　　Mélingue.
3576 Mmes Nelly.
3577　　　Nantier.
3578　　　Othon.
3579　　　Perla (Carolina).
3580　　　Perla.
3581　　　Piazza (Coralie).
3582　　　Philippe.
3583 M. Provers (de).
3584 Mmes Rey.
3585　　　Rita.
3586　　　Robert (Adèle).
3587　　　Radou (Marie).
3588　　　Royer (Anna).
3589 M. Rouvierre.
3590 Mmes Solange.
3591　　　Susmann (Brunette).
3592　　　Susmann (Sophie).
3593　　　Stembruger.
3594　　　Sidonie.
3595 M. Steenbruggen.
3596 Mmes Vecchi-Carlotta.
3597　　　Virginie.
3598　　　Zélia.

AMBIGU

3599	Mmes Armandine.		3619	MM.	Lavergne.

3599 Mmes Armandine.
3600 Adèle.
3601 M. Albert.
3602 Mme Blanchard.
3603 MM. Bource.
3604 Bernay.
3605 Mme Clara.
3606 MM. Castellano
3607 Courtés.
3608 Mme Delaistre.
3609 MM. Delacroix.
3610 Duchemin.
3611 Mmes Debonne.
3612 Esther Moïse.
3613 MM. Faille.
3614 Foulon.
3615 Mmes Gilbert.
3616 Jane Essler.
3617 Julia.
3618 Lemerle.

3619 MM. Lavergne.
3620 Laute.
3621 Leroy.
3622 Mmes Marly.
3623 Mathilde.
3624 Milla.
3625 MM. Machanette.
3626 Martin.
3627 Moreau.
3628 Mme Navarre (Lélia).
3629 M. Omer.
3630 Mmes Pauline.
3631 Petit.
3632 Rima.
3633 MM. Ritt, co-associé du théâtre.
3634 Renaud.
3635 Royer.
3636 Mmes Stainville.
3637 Thésé.
3638 Valois.

GAITÉ

3639 Mmes Aguillon.
3640 Adolphine.
3641 Adorcy.
3642 M. Armand.
3643 Mme Clarence (Juliette).
3644 M. Courty.
3645 Mme David.
3646 MM. Dumaine.
3647 Derville.
3648 Deshayes (Paul).
3649 Eugène.
3650 Mme Fontenelle.

3651 M. Gaspard.
3652 Mme Lovely.
3652 M. Latouche.
3653 Mme Mongeal.
3654 MM. Ménier (Paulin).
3655 Manuel.
3656 Mallet.
3658 Perey (Charles).
3659 Sully.
3660 Veniat.
3661 Zimmer.

FOLIES. — DÉLASSEMENTS. — CASINO & DIVERS.

3662	Mmes	Alice (la Provençale).		

3662 Mmes Alice (la Provençale).
3663 Amica.
3664 Antonia.
3665 Amélie.
3666 Anna.
3667 Alice.
3668 Armandine.
3669 Aimée.
3670 Agnès.
3671 MM. Alexandre.
3672 Adrien.
3673 Amédée.
3674 Mmes Blanche.
3675 Bruyère.
3676 Busseret.
4677 Belanger.
3678 Billy.
3679 Bouchardot.
3689 MM. Baron.
3681 Blanquis.
3682 Mmes Crétienneau.
3683 Chaumont (Céline).
3684 Clara.
3685 Colas (Octavie).
3686 Claire.
3687 Comte.
3688 Cellier (Berthe).
3689 Camille.
3690 Clarisse-Graff.
3691 Cristophe (Maria).
3692 Cornélie.
3693 M. Calvin.

3694 MM. Casimir.
3695 Couderc.
3696 Chandora.
3697 Camille.
3698 Charlay.
3699 Mmes Duchalelet.
3700 Derville (Olympe).
3701 Damande.
3702 J. urosay.
3703 Delisle.
3704 Deschamps et Durosel. — Groupe.
3705 Deval (Marie).
3706 Delorme (Félicie).
3707 MM. Drian.
3708 Detroges.
3709 Delille.
3710 Mmes Esther.
3711 Eléonore.
3712 MM. France.
3713 Freslin.
3714 Félix.
3715 Mmes Finette.
3716 Florence.
3717 Férenly.
3718 Frisotto (Pauline).
3719 Guyon (Jarry).
3720 Gérard.
3721 Girard (Elodie).
3722 Griff.
3723 Garnier (Irma).
3724 Gabrielle.

3725 Mmes Gaspari.
3726 Gordon (Louisa).
3727 Grechem (Helvia).
3728 MM. Géraldy.
3729 Gasparis.
3730 Godard.
3731 Golhi.
3732 Grivot.
3733 Hellis (Amélie).
3734 Hopgood (Rose).
3735 Hesling (Emma).
3736 Hortense.
3737 Harmand.
3738 Henriette.
3739 Horly.
3740 Haywood (Clara).
3741 MM. Hoffmann.
3742 Hendebert.
3743 Mmes Julia.
3744 Jeanne.
3745 Jullien.
3746 Jeannin.
3747 M. Jeault.
3748 Mmes Lacroix (Marie).
3749 Leclerc (Louise).
3750 Laure.
3751 Leroyer.
3752 Léonie.
3753 Legros (A).
3754 Léona.
3755 Louise.
3756 Léontine.
3757 Léonard.
3758 Lewis.
3759 Leduc (Jeanne).
3760 Laurent (Eudoxie).
3761 Leinenger.

3762 MM. Lallemand.
3763 Leautaud.
3764 Louvenard.
3765 Lyonnet (les frères).
3766 Mmes Maria.
3767 Mélanie.
3768 Mélina.
3769 Mélanie (Febvre).
3770 Mentz.
3771 Mila.
3772 Maria (Négresse).
3773 Meyer.
3774 Mime.
3775 MM. Monet, et le bal d'enfants.
— Groupe.
3776 Markais.
3777 Mérigot.
3778 Menier.
3779 Mermand.
3780 Montrouge.
3781 Marchelli.
3782 Mmes Nathalie.
3783 Nordy (Joséphine).
3784 M. Noirot.
3785 Mmes Olympe.
3786 Octavie.
3787 Oberst (Mathilde).
3788 Oberthal.
3789 MM. Octave.
3790 Oscar.
3791 Mmes Pascal.
3792 Pauline.
3793 Paurelle.
3794 MM. Patronelle.
3795 Poulain.
3796 Pelletier.
3797 Papillon.

3798 Mmes Quinot (Félicie).
3799   Rigolboche.
3800   Risette.
3801   Rameau.
3802   Roux (Hélène).
3803   Ramage.
3804   Rosine.
3805   Ricquier.
3806 MM. Rey.
3807   Robin.
3808   Stanislas.

3809 Mmes Stephanie.
3810   Stivalet.
3811   Seguin.
3812 M. Touzé.
3813 Mmes Victorine.
3814   Vaiz (Octavie).
3815   Valmy.
3816 MM. Vavasseur.
3817   Vigny.
3818   Valaire.
3819   Wilfrid.

BOUFFES

3820 Mmes Arnal.
3821 M. Allard.
3822 Mmes Andréa (Desmoulins).
3823   Berthe.
3824   Besuard.
3825   Barcelle.
3826   Blouda (Baron).
3827   Bressy.
2828   Bachemont.
3829 M. Bonnet.
3830 Mmes Colbrun.
3831   Chabert.
3832 M. Caillat.
3833 Mmes Darcier.
3834   Duvernois.
3835   Dupin (Rose).
3836   Dachu.
3837 MM. Désiré.
3838   Desmouts.
2839   Duvernoy.

3840 MM. Désiré et Bonnet. — Groupe.
3841   Désiré et Tostée. — Groupe.
3842   Dora.
3843 Mmes Estagel.
3844   Fournier.
3845   Fettermann.
3846   Garnier.
3847   Gervais.
3848   Guyot.
3849   Géraldine.
3850 M. Hector.
3851 Mmes Héloïse.
3852   Jeanne.
3853   Klose (Ida).
3854 M. Kunzé.
3855 Mmes Leclerc (Louise).
3856   Lucile.
3857   Loyé (Hélène).

3858 M. Léonce.
3859 Mmes Mareschal.
3860 Marie.
3861 MM. Mitchels, administrateur.
3862 Marchand.
3863 Mmes Nallier.
3864 Pfotzer.
3865 Parent.
3766 MM. Pradeau.
3867 Potel.

3868 M. Paul (Jean).
3869 Mmes Saint-Just.
3870 Smith.
3871 Taffanel.
3872 Tostée.
3873 Tautin.
3874 MM. Tacova.
3875 Mmes Thomson.
3876 Tardiva.

DÉJAZET

3877 Mmes Boisgontier.
3878 MM. Brun (Abel).
3879 Mmes Clerc.
3880 Céline.
3881 Clémentine.
3882 Déjazet.
3883 Descours.
3884 MM. Dupuis.
3885 Darcier.
3886 Mmes Ferney.
3887 MM. Fauvre.
3888 Mmes Géraldine.
3889 MM. Geoffroy.
3890 Halbleig.
3891 Mmes Julien.
3892 Kid (P.).
3893 MM. Kelm (Joseph).
3894 Legrand (Paul).
3895 Legrener.
3896 Leriche.

3897 Mmes Meyer.
3898 Massin.
3899 Maria.
3900 Mmes Mariette.
3901 Royer.
3902 M. Tourtois.
3903 Mmes Armande (Morel).
3904 Augustine.
3905 Stodel (Maria).
3906 Louise.
3907 Marie (Tissier).
3908 Eva.
3909 Lemonnier.
3910 Alphonsine.
3911 Marie.
3912 Hélène.
3913 Moïse.
3914 MM. Ernest.
3915 Dubois.
3916 Duroc.

HIPPODROME & CIRQUE

3917 Mmes Amélia.
3918   Antonia.
3919   Angèle.
3920 MM. Arnaud.
3921   Auriol.
3922   Anglo -- Américains. — Groupe.
3923   Boswell.
3924 Mmes Camille.
3925   Caroline.
3926   Clodia.
3927 M. Clarigny.
3928 Castor et Pollux, (chevaux dres-sés). — Groupe.
3929 Chiens du clown Edwards. — Groupe.
3930 Chien Djean, lévrier. (Campagne de Crimée et d'Italie).
3931 M^{sme} Eugénie.
3932 MM. Edwards.
3933   Henri.
3934   Henri fils.
3935   Léotard.
3936   Lalanne (Paul).
3937   Loyal.
3938   Magilton.
3939   Manoël.
3940   Pfau (Joseph).
3941 Mme Saqui.
3942 MM. Silvestre. (Le monstre).
3943   Sarah-Tonca.
3944   Steckel jeune.

THÉATRES DE LA PROVINCE, DE L'ETRANGER & DIVERS.

3945 Mmes Arenhuise (A). — Stockolm.
3946   Allavilla. — Milan.
3947   Artot. — Berlin.
3948   Augusta.
3949   Altière.
3950 M. Antoninci.
3951 Mmes Botalli. — Milan.
3952   Brunetti. — Bruxelles.
3953   Bertha. — Bordeaux.
3954   Barbot.
3955 Mmes Bioletti (Ernesta).
3956   Barillier.
3957   Borghèse (Juliette).
3958   Brassine.
3959   Hauser (Henriette). — Artiste de S. M. le roi des Pays-Bas.
3960 MM. Barbot.
3961   Bertoni.
3962   Breyda Lablache.

En vente à la Centralisation de photographies, Ch. Ségoffin, à Paris.

3963 MM. Bataille (Eugène(.
3964   Bérini.
3965   Lassabatie. — Conserva-
          toire.
3966 Mmes Cambardi.
3967   Charton-Demeure.
3968   Cerenotti.
3969   Desclos (Bruxelles).
3970   Derieux (Bordeaux).
3971 MM. Duprez fils.
3972   Dufrêne.
3973 Mmes Emélia das Neves (Portugal).
3974   Friedberg (St-Pétersbourg).
3975   Fleury (St-Pétersbourg).
3976   Francesco (sœurs).
3977   Graver.
3978   Galli (Marié).
3979   Girod (Fanny).
3980   Grazini.
3981   Guillot.
3982   Hutté.
3983   Klatts (Allemagne).
3984   Lombia.
3985   Leménil.
3986   Lind (Jenny).
3987   Lablache de Méric.
3988   Lagrua.
3989   Lacombe.
3990   Lamoureux.
3991   LLyod.
3992   Lagrange (St-Pétersbourg).
3993 MM. Leménil père (St-Pétersb.).
3994   Lagrange (St-Pétersbourg).
3995 Lilliputiens. — Groupe des trois
      chanteurs.
3996 Mmes Molina (Turin).
3997   Marita de Boismont.

3998 Mmes Marmet (Mélina).
3999   Michelet (Zélia).
4000   Muscadel (Marseille).
4001 MM. Monnier (Henri).
4002   Mutel (Alfred).
4003   Molnar, directeur du Théâtre
          populaire de Hongrie.
4004   Massé, professeur de chant
          au Conservatoire.
4005   Négrini (Scala de Milan).
4006 Mmes Pasla.
4007   Pochini (Scala de Milan).
4008   Pepita.
4009 MM. Perutzzi.
4010   Raphaëla-Montero (Bord.).
4011   Ribert.
4012 Mmes Seifard de Franceschini.
4013   Sylvia (Judith). — Lisbonne
          (Opéra).
4014 MM. Saint-Léon (St-Pétersb.)
4015   Sanchioli.
4016 Mme Warnicke (allemande).
4017 Théâtre (chant). — Groupe.
4018 Théâtre (danse). — Groupe.
4019 Artistes dramatiques. — Groupe.
4020 Collections de chiens.
4021 Collections de chats.
4022 Chien de l'Impératrice.
4023 Zouave en campagne.
4024 Fouillis ou trompe-l'œil.
4025 Les petits journaux français.
4026 Les grands journaux français.
4027 Les journaux illustrés français.
4028 Le jongleur.
4029 Timbre poste américain.
4030 Timbre-poste d'Europe.

4031 Monnaies et billets de banque Français.
4032 Groupe des jeux.

4033 Groupe des monuments de Paris.
4034 Groupe des monuments de Versailles.

En vente à la Centralisation de photographies, Ch. Ségoffin, à Paris.

ANGLETERRE

—

4035 Rois et Reines. — Groupe de 80 portraits.

4036 Famille de Charles Ier.—Groupe.

4037 Charles Ier. — Roi d'Anglerre, 1625.

4038 Henri VIII. — Roi d'Angleterre, 1525.

4039 Elisabeth d'Angleterre. — Reine d'Angleterre, 1558, fille de Henri VIII.

4040 Henriette de France. — Reine d'Angleterre, 1625, fille de Henri IV.

4041 Henriette d'Angleterre (duchesse d'Orléans). — Femme de Philippe Ier, duc d'Orléans, 1661.

4042 Victoria Ire (Alexandrine).—Reine d'Angleterre, 1837.

4043 Albert (le prince). — Mari de la reine Victoria.

4044 Reine Victoria et prince Albert. — Groupe.

4045 Famille royale. — Groupe.

4046 Reine Victoria et la princesse Beatrix. — Groupe.

4047 Galles (Albert-Edouard, prince de). — Fils aîné de la reine Victoria.

4048 Galles (Alexandra de Danemark, princesse de). — Femme du précédent.

4049 Prince et princesse de Galles. — Groupe.

4050 Alfred (Ernest-Albert, prince).— Deuxième fils de la reine Victoria.

4051 Arthur (William-Patrick-Albert, prince). — Troisième fils de la reine Victoria.

4052 Victoria Adelaïde-Marie-Louise, princesse), première fille de la reine Victoria, femme du prince Frédérick-Guillaume de Prusse.

4053 Alice (Mathilde-Marie, princesse). — Deuxième fille de la reine Victoria.

4054 Hélène (Auguste-Victoria, princesse). — Troisième fille de la reine Victoria.

4055 Louise (Caroline-Alberte, princesse). — Quatrième fille de la reine Victoria.

4056 Béatrice (Mary-Victoria-Féodore, princesse). — Cinquième fille de la reine Victoria.

4057 Hesse (Louis, prince de).—Mari de la princesse Alice.

4058 Princesse Louise et Hélène. — Groupe.

4059 Princesse Marie de Cambridge.

4060 Prince de Leinengen.

4061 Princesse de Leinengen.
4062 Duchesse de Cambridge.
4063   id.   Kent.
4064   id.   d'Argyll.
4065   id.   Wellington.
4066   id.   Sutherland Croma-
                tie.
4067   id.   Posmouth.
4068   id.   Hamilton (d'). —
                Princesse Marie
                de Bade.
4069 Duc de Cambridge.

4070 Ducs de d'Argyll.
4071   id.   Newcastle.
4072   id.   Manchester.
4073   id.   Hamilton (d') (Douglas).
                — Pair d'Angleterre.
4074 Marquis de Lansdowy.
4075   id.   Bute.
4076 Comtes de Winchelsea.
4077   id.   Flahaut. — Ambassa-
                deur de France.
4078   id.   Stanhope.
4079 Comtesses de Winchelsea.

LORDS

4080 Brougham.
4081 Bruce (Thomas).
4082 Buchanan.
4083 Clarendon.
4084 Canterbury.
4085 Campbell.
4086 Clinton.
4087 Clyde.
4088 Cowley. — Ambassadeur.
4089 Cranworth.
4090 Canning.
4091 Derby.
4092 Elgin.
4093 Elgin et son fils. — Groupe.
4094 Ebury.
4095 Eardley.
4096 Elcho.

4097 Granville. — Duc d'Hamilton.
4098 Gray.
4099 Hamilton (Charles).
4100 Lyndhurst.
4101 Manners.
4102 Palmerston.
4103 Paget (Henri).
4104 Pembrock.
4105 Russell (John.)
4106 Ranelagh.
4107 Rocaby.
4108 Schelmsord.
4109 Stanley.
4110 Sidney.
4111 Straffort.
4112 Tankerville.
4113 Tauton.

4114 Tampest.
4115 Vesburry. — Chancelier.
4116 Waterparc.
4117 Worsley.

4118 Wellington.
4119 Wylle.
4120 John Russel (Ladies).
4121 Palmerston (Ladies).

AMIRAUX

4122 Gawen.
4123 Grenfell.
4124 Grady. (O.)
4125 Napier.

4126 Nelson.
4128 Pellow.
4128 Seymour.

GÉNÉRAUX

4129 Bruce.
4130 Browy.
4131 Howeley.
4132 Hodgson.
4133 Jacob.
4134 Lowrens.
4135 Mac Naïr.
4136 Macintosh.
4137 Williams.
4138 Lucan (comte). — Pair d'Angleterre.
4139 Archibald Alison. — Historien et jurisconsulte écossais.
4140 Bulwer-Lython. — Célèbre romancier anglais.

4141 Chanley.
4142 Hamilton Seymour. — Philosophe.
4143 Milnes (Richard Monckton). — Poète et homme politique.
4144 Peel (Robert). — Homme politique.
4145 Herbert (Sidney). — Homme politique.
4146 William Orsborn.
4147 Woodfort (Alexandre).
4148 Clark. — Médecin anglais.
4149 Franklin. — Célèbre navigateur.
4150 Marochetti (baron). — Sculpteur français.
4151 Mac Donald (colonel).

4152 Know (colonel).

4153 Adams (John-Couch.) — Astronome.

4154 Bright (John). — Traité de commerce avec la France.

4155 Brindley (Richards).

4156 Cobden (Richard). — Traité de commerce avec la France.

4157 Clarke. — Poète.

4158 Gladstone. — Homme d'Etat.

4159 Hall. — Publiciste.

4160 Disraéli (Benjamin). — Célèbre écrivain et homme d'Etat.

4161 Paton. — Peintre Ecossais.

4162 Tennyson (Alfred). — Poète.

4163 Dickens. — Célèbre romancier.

4164 Cumming. — Pasteur et théologien écossais.

4165 Cardwell. — Homme politique.

4166 Wood. — Chancelier.

4167 Panizzi. — Bibliophile.

4168 Carlisle (Howard, comte de). — Homme politique.

4169 Kingsley (révérend Charles). — Littérateur.

4170 Taylor. — Professeur au collége de l'Université de Londres.

4171 O'Brien (William-Smith). — Homme politique irlandais.

4172 Pease père. — Ingénieur.

4173 Cooper (Fénimore). — Littérateur.

4174 Seeman. — Naturaliste de la couronne.

4175 Bedford (Pim). — Commodore de la marine royale.

4176 Miss Oliver.

4177 Nightingale.

4178 Cushman.

4179 Lola Montès. — Danseuse et aventurière célèbre.

4180 John Russell. — Palmerston. — Derby. — Gladston. — Bright. — Groupe en médaillon.

4181 Michel Chevalier. — Bright. — Cobden. — Groupe.

4182 Cobded. — Bright. — Groupe.

4183 Célébrités anglaises. — Groupe de 48.

4184 Révérend Thaït, évêque de Londres.

4185 L'évêque d'Oxford.

4186 L'évêque de Westminster.

4187 Cardinal Wisemann, archevêque de Westminster. — Littérateur religieux.

4188 Monseigneur Nixon, évêque de Tasmanie (Australie).

4189 Monseigneur Spencer, évêque de Glascow.

4190 Monseigneur Canon - Stowel, évêque.

4191 Monseigneur Woodhaal, évêque.

4192 Révérend Thompson, archevêque d'Yorck.

SOMMITÉS HISTORIQUES

4193 Cromwell (Olivier). — Protecteur d'Angleterre (1640).

4194 Milton. — Célèbre poète (1650).

4195 Newton (Isaac). — Illustre savant (1660).

4196 Shakespeare (William) — 1er poète dramatique anglais (1590).

4197 Strafford (lord). — gouverneur de l'Irlande (1632).

4198 Jeanne Gray (lady). — Reine d'Angleterre (1550).

THÉATRE

—

BALLET DE COWENT-GÁRDEN

4199 Mme Adam.

4200 M. Attervil.

4201 Mmes Brown (Fanny).

4202 Déane.

4203 Ennis.

4204 Henderson.

4205 Huddan.

4206 Honeg.

4207 Hermanda.

4208 Lowell (J.).

4209 Mmes Lowell (E.).

4210 Rey.

4211 Ray (Marie).

4212 Richardson.

4213 M. Reichardt.

4214 Mmes Stapley.

4215 Taylor (F.).

4216 Taylor (E.).

4217 Thibaut.

4218 William.

RUSSIE

—

4219 Pierre Ier (dit le Grand). — Czar ou empereur (1682).
4220 Catherine II. — Impératrice (1745), femme de Pierre III.
4221 Alexandre Ier. — Empereur (1800).
4222 Nicolas Ier. — Empereur (1825).

—

4223 Alexandre II (Nicolæwitch). — Empereur.
4224 Alexandrowna (Marie). — Impératrice, fille de Louis II, grand duc de Hesse.
4225 Alexandra (Téodorowna). — Impératrice douarière, sœur du roi de Prusse, Guillaume III.
4226 Nicolas - Alexandrowitch (Césarewitch). — Grand duc héritier.
4227 Alexandre. — grand duc Deuxième fils de l'empereur.
4228 Wladimir. — Grand duc, troisième fils de l'empereur.
4229 Constantin (Nicolæwitch). — Grand duc, frère d'Alexandre II, empereur.
4230 Constantin (Alexandra). — Grande duchesse, femme du précédent.
4231 Nicolas (Constantinowitch). — Grand duc, fils du grand duc Constantin.
4232 Olga-Nicolæwna. — Grande duchesse, sœur de l'empereur, femme du prince royal de Wurtemberg.
4233 Marie-Nicolæwna. — Grande duchesse, sœur de l'empereur, femme du duc de Leuchtemberg.
4234 Nicolas (Nicolæwitch). — Grand duc, frère de l'empereur, et son aide-de-camp.
4235 Michel (Nicolæwitch). — Grand duc, frère de l'empereur, et son aide-de-camp.
4236 Maximilien. — Duc de Leuchtemberg, prince d'Eichstædt, mari de la grande duchesse Marie.
4237 Charles de Wurtemberg. — Prince royal, mari de la grande duchesse Olga.
4238 Olga (Princesse). — Duchesse de Wurtemberg, fille de Charles de Wurtemberg et de la grande duchesse Olga.
4239 Marie. — Princesse, fille aînée de la grande duchesse.

4240 Eugène. — Prince de Leuchtemberg, fils de la grande duchesse.
4241 Grand duc Constantin et son fils. — Groupe de deux.
4242 Princes Alexandre et Wladimir. Groupe de deux.
4243 Princes Serge, Nicolas, Georges de Leuchtemberg. — Gr. de 3.

LL. AA. RR. PRINCES & PRINCESSES

4244 Barianlinski.
4245 Barianlinski, princesse.
4246 Demidoff.
4247 Dimitry.
4248 Dolgorowski. — Attaché à l'ambassade Russe à Paris.
4249 Gortschakoff-Dimitri (Pierre).
4250 Galitzin.
4251 Galitzin, princesse.
4252 Ghika. — Moldavie.
4253 Ghika, princesse. — Moldavie.
4254 Hypsilantis. — Valachie.
4255 Karageorgowitsch (Alexandre).
4256 Lobkowitz (de).
4257 Lieven.
4258 Mourawieff. — Gouverneur de la Sibérie.
4259 Michel Kotschoubey.
4260 Nicolaï.
4261 Narischine.
4262 Obrenowitch. — Serbie.
4263 Obrenowitch, princesse. — Serbie.
4264 Paskiewitsch. — Attaché à l'ambassade Russe à Paris.
4265 Schakowskoy père.
4266 Schakowskoy fils.
4267 Schakowskoy (Alexandre).
4268 Stirbey. — Ex-hospodar de Vachie.
4269 Stourdza (Michel). — Ex-hospodar de Moldavie.
4270 Stourdza fils.
4271 Troubetzkoy (Pierre).
4272 Troubetzkoy (Nicolas).
4273 Volkonsky.

COMTES

MM.
4275 Adlerberg.
4276 Budberg (baron de). — Ambassad.

MM.
4277 Chouwakoff.
4278 Kisseleff. — Ambassad. en France.

MM.

4279 Lanskoy.
4280 Lambert.
4281 Mentschekoff (comtesse).
4282 Nesselrode. — Grand chancellier de l'Empire.
4283 Orloff.
4284 Strogonoff.
4285 Strogonoff (comtesse).
4286 Schouvaloff.
4287 Tolstoy (Elie). — Hertmann des cosaques d'Otnenbourg.
4288 Toltoy.
4289 Uruski (Severin).
4290 Bakonnine. — Publiciste.
4291 Bacmeteff.

MM.

4292 Browzine. — Amiral.
4293 Hertzen (Alexandre). — Romancier.
4294 Hertzen et Ogareff. — Groupe.
4295 Rafalowistch. — Banquier d'Odessa.
4296 Sabouroff. — Maréchal.
4297 Schamgl. — Prophète guerrier et chef caucasien.
4298 Stascoulevitch. — Professeur.
4299 Tourguenioff. — Littérateur.
4300 Woronzoff (Szemen). — Ex-gouverneur du Caucase.
4401 Zlatagorskoï (de Goldberg). — Ecrivain.

GÉNÉRAUX

MM.

4302 Akhmatoff.
4303 Baranoff.
4304 Bibikoff.
4305 Boutsorline.
4306 Glotoff.
4307 Gordschakoff.
4308 Guedenoff.
4309 Klapowski.
4310 Luders.
4311 Nilidoff.
4312 Ouchakoff.
4313 Obreskoff.

MM.

4314 Orloff.
4315 Slade.
4316 Schevitsch.
4317 Tichetverikoff.
4318 Todtleben.
4319 Tschoglotoff.
4320 Wanderstjerna.
4321 Werderewsky.
4322 Yermoloff.
4323 Obreskoff, colonel.
4324 Thmiachoff, aide-de-camp de l'Empereur.

POLOGNE

—

MM.

4325 Adam. — Fils du prince Sapieha.
4326 Barzykowski feu.
4327 Bem, feu.
4328 Bielinski, feu.
4329 Biernaki, feu.
4330 Blindowski, feu.
4331 Bezezanski, feu.
4332 Czartoriski (Prince Adam).
4333 Czartoriska (Princesse Adam).
4334 Czartoriski, avcc ses fils. — Groupe de trois.
4335 Czartoriska, avec ses filles. — Groupe de trois.
4336 Czartoriski (prince Vitold).
4337 Czartoriski (prince Ladislas).
4338 Czartoriski (princo Auguste).
4339 Croislsky. — Pianiste.
4340 Cracki.
4341 Cadon (Wladimir).
4342 Dembinsky. — Général.
4343 Divernicki, feu.
4344 Dlazewski (Jean), feu.
4345 Fysykiewiez, feu.
4346 Fomaszewska, feu.
4347 Gatezowski. — Président du conseil d'administration de l'école polonaise à Paris.
4348 Grolhus (Eustache), feu.
4349 Gruzewski, feu.
4350 Herubowicz, feu.

MM.

4351 Janowjez, feu.
4352 Jasienski, feu.
4353 Kaluch, feu.
4354 Kicki, feu.
4355 Kolygsko, feu.
4356 Kuszel, feu.
4357 Kniaziewiez, feu.
4358 Langiewiez. — Dictateur de la Pologne.
4359 Lambert (comte). — Gouverneur.
4360 Leduchowski (Jean).
4361 Leduchowski (Ignace).
4362 Leduchowski.
4363 Loga Fidam, feu.
4364 Langermann, feu.
4365 Lukazinski, feu.
4366 Lewinski. — Général.
4367 Miéroslawsky. — Général.
4368 Malachowsky (Gustave), feu.
4369 Malachowsky (Julien), feu.
4370 Malachowsky, feu.
4371 Mattieszewiez, feu.
4372 Milzinoki, feu.
4373 Morawski, feu.
4374 Mijcielski, feu.
4375 Niencewiez, feu.
4376 Niemciewski, feu.
4377 Niemojowski. feu.
4378 Nowosielski, feu.

MM.

4379 Oshwski, feu.
4380 Orpiszewsski, feu.
4381 Olikowski, feu.
4382 Ogenska (Arien), feu.
4383 Ogenska, feu.
4384 Oligar, feu.
4385 Poniatowski. — Général.
4386 Pustowojtow (M\ue). — Aide-de-camp de Langiewez.
4387 Podtewski. — Chef de l'insurrection polonaise.
4388 Pac-L.
4389 Parczewski, feu.
4390 Pecckta, feu.
4391 Phlapowski, feu.
4392 Phlopieki, feu.
4393 Polocki, feu.
4394 Polocka, feu.
4395 Piozor, feu.
4396 Plater (Tesar), feu.
4397 Plater (Emile), feu.
4398 Plater (Julien), feu.
4399 Rochebrune, — Commandant les zouaves de la mort.
4400 Romanowski.
4401 Rubinski, feu.
4402 Rozycki (Charles), feu.
4403 Rozycki (Samuel), feu.
4404 Raszonowiez, feu.
4405 Sobieski (Jean ou Jean III). — Roi de Pologne (1650).
4406 Sapieka (Léon, prince). — Chef actuel de la ligne Kodenski.
4407 Sierawski, feu.
4408 Soltzk père, feu.

MM.

4409 Soltzk fils, feu.
4410 Sorcka, feu.
4411 Sowinski, feu.
4412 Szyrma (Loch), feu.
4413 Szemioth, feu.
4414 Szlegel, feu.
4415 Sznaide, feu.
4416 Szretter (Jacques), feu,
4417 Szymanowski, feu.
4418 Spezaniecka (Emélie), feu·
4419 Skrzynecki (Jean), feu.
4420 Staniewiez, feu.
4421 Stecki, feu.
4422 Stempowski, feu.
4423 Thadé (Koscusko), feu.
4424 Uminski, feu.
4425 Wisocki.
4426 Zagielli.
4427 Zamoiski.
4428 Zalaski.
4429 Zan, feu.
4430 Zawisza-Corzewski, feu.
4431 Zaliwski, feu.
4432 Zienkowiez, feu.
4433 Zivierkowski, feu.
4434 Bypunski. — Kloth. — Plater. Payowski. — (Groupe de quatre.
4435 Czerski (Joseph). — Wolinski (Xavier). — Groupe de deux.
4436 Zelowiski père. — Zelowiski fils. — Groupe de deux.
4437 Nabielack. — Nasierouski. — Orpiszowski. — Groupe de trois.

MM.

4438 Rapniewski. — Rottermand. — Rettel. — Groupe de trois.
4439 Sobanski (J.). — Sobanski (R.). — Groupe de deux.
4440 Swientoslawski. — Krosnoswski. Kobylanski — Pasykerwiez. — Groupe de quatre.

MM.

4441 Wollowiez. — Pryeclanski. — Groupe de deux.
4442 Défenseur de la Pologne (1863). — Groupe de six.

AUTRICHE

—

4443 Elisabeth d'Autriche. — Femme de Charles IX.
4444 Anne d'Autriche. — Mère de Louis XIV.
4445 François-Joseph.—Empereur actuel.
4446 Elisabeth-Amélie-Eugénie.— Impératrice actuelle, fille de Maximilien, duc de Bavière.
4447 Famille impériale actuelle. — (Groupe).
4448 L'Empereur et ses enfants. — (Groupe).
4449 Rodolphe-François-Charles-Joseph. — Prince royal.

4450 Giselle-Louise-Marie. — Princesse royale.
4451 Prince et princesse Rodolphe et Giselle. — (Groupe).
4452 Archiduc Joseph. — Duchesse de Brabant. — Princesse Louise-Marie-Amélie. — (Groupe).
4453 Archiduc Maximilien. — Princesse Charlotte. — (Groupe).
4454 Prince de Metternich.—Henri VII de Reuss. — (Groupe).
4455 Croy (duc Alfred). — Chef actuel de la maison princière de ce nom.

4456 Jean - Marie - Placide. — Prince régnant.

4457 Liechtenstein (prince de).

4458 Metternich de Winneburg (prince de).—Doyen des hommes d'État).

4459 Metternich (prince Richard de). — Fils du précédent, ambassadeur à Paris.

4460 Metternich (princesse de).—Née Pauline Sandor.

4461 Giovanelli (Joseph). — Chambellan impérial.

4462 Brunow (baron). — Ministre.

4463 Albert (Frédérick - Rodolphe. — Propriétaire du 14me régiment d'infanterie.

4464 Charles-Louis (frère de l'empereur, archiduc). — Gouverneur du Tyrol et propriétaire du 7me régiment de lanciers.

4465 François-Charles (comte de Méran). — Lieutenant d'infanterie.

4466 Guillaume (Maximilien - Frédérick).—Duc régnant de Brunswick-Wolfenbuttel.

4467 Ernest. — Duc régnant de Saxe-Cobourg-Gotha.

4468 Joseph (Frédérick-Charles.—Duc de Saxe.

4469 Léopold (Jean-Joseph). — Prince de Salerne, oncle de François II roi de Naples.

4470 Maximilien (Ferdinand - Joseph, archiduc). — Frère de l'empereur, propriétaire du 8me régiment des uhlans.

4471 Charlotte Marie (archiduchesse). — Femme du précédent, fille du roi des Belges.

4472 Maximilien (archiduchesse).

4473 Sophie (archiduchesse).

4474 Marie-Clémentine-Joseph (archiduchesse). — Femme de Léopold, prince de Salerne.

4475 Archiduc Renier et archiduchesse Marie. — (Groupe).

4476 Les trois archiduchesses Maximilien, Sophie, Marie.—(Groupe).

4478 Renier (archiduc).

4479 Victor-Louis. — Sous-lieutenant au 3me régiment de dragons.

4480 Stephan.

4481 Bruck (baron de) feu. — Ancien ministre.

4482 Hubner (Frédérick-Athon). — Parlement.

4483 Schmerling (Antoine, chevalier de). — Homme d'Etat, ministre.

4484 Vay (baron).

4485 Toggenbourg. — Gouverneur de Venise.

4486 Rauscher. — Archevêque de Vienne.

4487 Buol-Schauenstein (comte de). — Conseiller privé et chambellan de l'Empereur.
4488 Reichberg (comte de). — Ancien ministre.
4489 Bresme (marquis de).
4490 Benedeck (Louis de). — Feld-maréchal.
4491 Bianchi (baron de). — Feld-maréchal.
4492 Dasper.
4493 Gyulay (François comte). — Feld-maréch., ex-minist. de la guerre.
4494 Hesse. — Feld-maréchal.
4495 Hesse (prince de). — Feld-maréchal.
4496 Jellachich de Buzem. — Feld-maréchal et ban de Croatie.
4497 Liechtenstein (prince Frédérick). — Feld-maréchal, propriétaire du 3me régiment des uhlans.
4498 Liechtenstein (prince Edouard). — Feld-maréchal, propriétaire du 5me régiment d'infanterie.
4499 Nugent (Laval comte de Westmeath. — Feld-maréchal.
4500 Schlick (N. comte). — Feld-maréchal.
4501 Schwartzenberg. — Feld-maréchal.
4502 Radetzky (comte de Radetz). — Doyen des maréchaux de l'Europe, né en 1766.
4503 Urban. — Feld-maréchal.
4504 Waldeck (Richard). — Feld-maréchal.
4505 Windisch-Graetz (Alfred prince). — Feld-maréchal.
4506 Zobel. — Feld-maréchal.
4507 Types de prisonniers autrichiens à la bataille de Magenta. — (Groupe).

ESPAGNE

—

4508 Ferdinand VII, fils de Charles IV. — Roi d'Espagne (1813).
4509 Marie-Christine. — Reiné douarière.

4510 Isabelle II (Marie-Louise). — Reine d'Espagne, fille de Ferdinand VII.

4511 François d'Assise (Maria-Ferdinand). — Roi d'Espagne.

4512 Famille royale. — (Groupe).

4513 Reine et roi. — (Groupe).

4514 Alphonse-François d'Assise, prince des Asturies. — Prince royal.

4515 Marie-Isabelle-Françoise d'Assise, princesse des Asturies. — Princesse royal.

4516 Louise (duchesse de Montpensier. — Sœur de la reine.

4517 Duc et duchesse de Montpensier. — (Groupe).

4518 Infant François de Bourbon.

4519 Infant don Sébastien.

4520 Infant Fernand de Bourbon.

4521 Infant don Henrique.

4522 Don Carlos (Isidore de Bourbon). — Frère de Ferdinand VII, roi.

4523 Infante Josepha-Fernanda.

4524 Infante Isabelle de Montpensier.

4525 Infante Isabelle.

4526 Infante Christine.

4527 Duchesse douaire d'Albe.

4528 Duc d'Albe.

4529 Duchesse d'Albe.

4530 Enfant du duc d'Albe. — (Groupe).

4531 Duc de Fernand Nunès.

4532 Duchesse de Fernand Nunès.

4533 Duc de Terceira (comte de Villaflor).

4534 Duc de Rianzarès (Fernando-Munoz). — Mari de Marie Christine, reine douarière.

4535 Duc de San Lorenz.

4536 Duc d'Ossuna.

4537 Montémolin (comte de). — Infant d'Espagne, fils aîné de don Carlos.

4538 Montémolin (comtesse de).

4539 Famille de Montémolin. - (Groupe).

4540 Guelle y Rente (don Jose prince). — Homme politique et écrivain, mari de l'infante dona Josefa, sœur du roi.

4541 Espartero (don Baldomero, duc de la Victoire). — Maréchal ex-régent.

4542 Narvaëz (duc de Valence). — Maréchal et homme politique.

4543 O. Donnell (comte de Lucena). — Maréchal et homme politique.

4544 Serrano (Francisco). — Général et homme politique.

4545 Algara (d'). — Général.

4546 Concha (don José de la). — Général.

4547 Cabréra (comte de Morella). — Général.

4548 Cervino. — Général.

4549 Echagüe. — Gouverneur des Antilles.

4550 Hereira Posada. — Général et homme politique.

4551 Latorre. — Général et homme politique.

4552 Mac-Crohon (José). — Général et administrateur.

4553 Ortega. — Général et homme politique.

4554 Prim (don Juan Comte de Reus). — Général et homme politique.

4555 Ros de Olona (don Antonio comte d'Almina). — Général et homme politique.

4556 Torrico. — Général.

4557 Zabala. — Général.

4558 Antonio. — Général.

4558 *bis* Sacanel. — Général.

4559 Alarcon (Pedro-Antonio de). — Auteur.

4560 Barrot (Ferdinand). — Ambassadeur de France.

4561 Bravo Murillo (don Juan). — Ex-ministre de la justice.

4562 Dombowsky. — Pianiste de la reine.

4563 Delacaras (Pedro-Antonio). — Auteur.

4564 Galiano (don Antonio-Alcala). — Ambassadeur à Lisbonne.

4565 Gonzalès de la Véga (José).

4566 Claret (rév. père). — Confesseur de la reine.

4567 Mon. — Ex-ministre et ambassadeur.

4568 Martinez de la Rosa (Francisco). — Poète, ex-ministre et ambassadeur.

4569 Olozaga (don Salustiano). — Ex-ministre et ambassadeur.

4570 Lacuna. — Peintre.

4571 Pacheco.

4572 Salamanca. — Banquier financier.

4573 Salveiria. — Ministre des finances.

4574 Rios y Rosas (Antoine de Los). — Homme politique.

4575 Matès-Lopez. — Banderillers.

4576 Cucharès. — Torréador.

4577 Célébrités espagnoles. — (Groupe de 36).

PORTUGAL

—

4578 Don Pedro V, de Alcantara. — Feu roi de Portugal.

4579 Don Luiz, duc d'Oporto. — Roi actuel.

4580 Maria Pie (fille de Victor-Emmanuel). — Reine.

4581 Roi et reine de Portugal. — (Groupe).

4582 Infant Don Joao.

4583 Infante Dona Antonia.

4584   id.   Maria-Anna.

4585   id.   Dona Fernando.

4586   id.   Dona Augusta.

4587 Infant Don Fernando.

4588 Infante Dona Maria.

4589 Saldanha Oliveira E. Daun (duc de). — Maréchal.

4590 Coëllo de Portugal.

4591 Païva (vicomte de). — Ambassadeur.

4592 Da Luz (Vicomte). — Général.

4593 Famille de don Carlos. — (Groupe).

4594 Femme de don Carlos.

ITALIE

—

4595 Charles-Albert. — Roi de Sardaigne (1831), père de Victor-Emmanuel.

4596 Victor-Emmanuel (Marie-Albert-Eugène). — Roi d'Italie (1860).

4597 Humbert, prince royal de Piémont. — Fils aîné de Victor-Emmanuel.

4598 Aoste Amédée (duc d'). — Fils jeune de Victor-Emmanuel.

4599 Prince royaux en voiture. — (Groupe).

4600 Prince Humbert. — Clotilde-Marie-Thérèse, fille de Victor-Emmanuel, femme du prince Napoléon. — Duc d'Aost. — Princesse Pia (Marie). — (Groupe).

4601 Princes royaux à cheval. — (Groupe).

4602 Victor-Emmanuel. — Cavour. — Garibaldi. — (Groupe).

4603 Carignan (prince de).

4604 Duc de Gênes (feu). — Frère du roi, commandant général de l'artillerie.

4605 Duchesse de Gênes (Elisabeth-Maximilienne). — Femme du président et fille du roi de Saxe.

4606 Prince Thomas de Gênes. — Fils des précédents.

4607 Princes de Gonzagua.

4608   Scylla.

4609   Gaëtani.

4610   Villafranca.

4611 Marquis Antonini.

4612   Ancona (d').

3613   Napoléon Pepoli.

4614   Villamarina (de).

4615   Palavicino (de).

4616 Azéglio (chevalier d'). — Ancien ministre.

4617 Nigra (chevalier de).

4618 Comtes Cavour (feu). — Président du conseil des ministres.

4619   Gabrielli.

4620 Comtesse Gabrielli.

4621 Comte Alberti.

4622   Gropello.

4623   Aragon (d').

4624   Rasponi.

4625   Arèse. — Sénateur.

4626   Persano. — Amiral.

4627   Falco. — Vice-amiral.

4628 Ducs Ascoli (d').

4629   Pozo-di-Borgho.

4630   Villafranca.

4631 Baron Ricasoli (Bettino). — Ministre.

4632 Monseigneur Lucciardi. — De la légation romaine à Paris.

GÉNÉRAUX

MM.

4633 Annoni (comte).

4634 Bixio.

4635 Cialdini.

4636 Castelborgo.

4637 Carini.

4638 Durando (comte).

4639 Dho.

4640 Della Rocca.

4641 Fanti.

MM.

4642 Garibaldi (Joseph).

4643 Garibaldi et le docteur Partridge. — (Groupe).

4644 Garibaldi et le docteur Nélaton. (Groupe).

4645 Garibaldi (Menotti). — 1er fils de Garibaldi.

4646 Garibaldi jeune. — 2me fils de Garibaldi.

MM.

4647 Garibaldi (Theresita).
2648 Garibaldi (Theresita et son mari).
— (Group).
4649 Lamarmora.
4651 Mollard.
7653 Pallavicini.
4654 Polizi.
4655 Plom.

MM.

4656 Plochieu.
4657 Pctili.
4658 Plachini.
4659 Sangro (de).
4660 Turr.
4661 Téléki.
4662 Villamariua.

DÉPUTÉS

MM.

4663 Bertani.
4664 Brofferio.
4665 Mamiami.
4666 Maffcï.

MM.

4667 Mordini.
4668 Nicotera.
4669 San Donata (prince).

COLONELS

MM.

4670 Cattolini.
4671 Castabène.
3672 Casalta.
4673 Ferrari.
4674 Missori.
4675 Majocchi.
4676 Nullo.

MM.

4677 Finardi.
4678 Simonetti.
4679 Trecchi.
4680 Utassy.
4681 Vecchi.
4682 Zapella.

En vente à la Centralisation de photographies, Ch. Ségoffin, à Paris.

SOMMITÉS

MM.

4683 Arrigo.

4684 Cano-Fari.

4685 Corsi.

4686 Farini. — Ecrivain et homme politique.

4687 Farini fils.

4688 Lafarina. — Ancien ministre et directeur de l'intérieur en Sicile.

4689 Manin. — Ancien président de la république à Vénise.

4690 Minghetti.

4691 Médici.

4692 Panizzi. — Bibliophile.

4693 Pantaléo. — Aumonier de Garibaldi.

4694 Passaglia (R. P.).

4695 Ratazzi. — Ministre.

4696 Ratazzi (Mme). — Née Bonaparte.

4697 Valerio.

4698 Ugo-Bassi.

4699 Mazzini. — Chef de parti.

4700 Ventura (Rév. Père G.-D.). — Orateur et théologien.

4701 Grosselot. — Ambassadeur.

4702 Gennera. — Docteur.

4703 Goldoni. — Poète.

4704 Pacini. — Compositeur.

4705 Sommités (grappe de raisin). — (Groupe de 49).

4706 Types du soldat garibaldien.

4707 Ferdinand II. — Roi des Deux-Siciles.

MM.

4708 Reine mère de Naples.

4709 François II (Marie-Léopold). — Roi de Naples, fils de Ferdinand II.

4710 Marie-Sophie-Amélie, reine de Naples. — Sœur de l'impératrice d'Autriche.

4711 Famille royale de Naples. — (Groupe de 20).

4712 Roi et reine de Naples. — (Groupe).

4713 Famille de Trapani. — (Groupe).

4714 Comte de Trapani.

4715 Comtesse de Trapani.

4716 Comte de Trani.

4717 Comtesse de Trani.

4718 Comte de Caserte.

4719 Comtesse de Caserte.

4720 Princesse Josepha de Bourbon.

4721 Prince de Capoue.

4722 Princesse de Capoue.

4723 Princesse Victoria de Capoue.

4724 Prince François de Bourbon.

4725 Famille de Capoue. — (Groupe).

4726 Comte de Syracuse.

4727 Comte d'Aquila.

4728 Princesse d'Aquila.

4729 Nobles exilés de Naples. — (Groupe).

4730 Généraux Borgès.

4731   Bosco.

4732   Latour.

4733   Sangro.

MM.

4734 Général Chiavone.

4735 Les quatre frères Charrette. — (Groupe).

4736 Groupe d'officiers du Pape.

4737 Famille de Parme. — (Groupe).

4738 Duchesse de Parme et ses enfants. — (Groupe).

4739 Ferdinand-Charles III de Bourbon (feu). — Duc de Parme.

4740 Duchesse de Parme, Louise-Marie-Thérèse de Bourbon.

4741 Duc Robert de Parme. — Enfant des précédents.

MM.

4742 Comte de Bardi de Parme. — Enfant des précédents.

4743 Princesse Marguerite de Parme. — Enfant des précédents.

4744 Princesse Alix de Parme. — Enfant des précédents.

4745 Duc de Modène et de Reggio. — François V, archiduc d'Autriche.

4746 Duchesse de Modène et de Reggio. — Aldegonde, fille du roi de Bavière.

AMÉRIQUE

—

4747 Américaine (défenseurs de l'union). — (Groupe).

4748 Anderson (Henry). — Mathématicien et astronome américain.

4749 Anderson (Robert). — Général au service de l'Union.

4750 Bateman (Mlle). — Tragédienne.

4751 Barnum.

4752 Buckanan (James). — Président des Etats-Unis (1857 à 1861).

4753 Breckenridge (John-C.). — Vice-président de la république.

4754 Beauregard (G.-T. de). — Général, sécessioniste.

4755 Briant (W.-C.). — Poète.
4756 Banks. — Général.
4757 Bancroft (George). — Historien.
4758 Butler (Benjamin-F.). — Général, fédéral.
4759 Buckner. — Général.
4760 Bell (John). — Homme politique.
4761 Brown (John). — Colon, abolitionniste, pendu le 2 décembre 1859.
4762 Colomb (Christophe), (né à Gênes en 1438).—Célèbre marin, découvrit l'Amérique en 1498.
4763 Davis (Jefferson).— Président des Etats confédérés.
4764 Dayton (William-Lewis). — Ministre, représentant en France le président Lincoln.
4765 Dayton. — Fils du précédent.
5766 Douglas (Stephen) (feu).—Homme politique.
4767 Dickenson.— Membre du comité.
4768 Erricsson. — Inventeur du Monitor.
4769 Fremont.— Général.
4770 Fellow-Long. — Professeur.
4771 Filmore. — Ex-président.
4772 Hamelin.—Membre du comité.
4773 Hœnan (John). — Boxeur.
4774 Jackson (Thomas-Jefferson), surnommé Stonewal. — Général séparatiste.
4775 Johnson. — Général.
4776 Johnston. — Général.
4777 Lincoln (Abraham). — Président de la république des Etats-Unis.

4778 Lée (Robert-E.). — Général séparatiste.
4779 Longfellow (Henry Wardsworth). — Poète.
4780 Lyons. — Capitaine.
4781 Mac-Clellan (George-B.). — Général au service de l'Union.
4782 Mac-Dowel (J.). — Général au service de l'Union.
4783 Mason (N.). — Sécessioniste.
4784 Pierce (Franklin). — Général, ancien président des Etats-Unis.
4785 Palfrey (John-Gorham). — Théologien, abolitioniste.
4786 Polk. — Général.
4787 Peabody.
4788 Stowe (Mlle Henriette B.).— Auteur de l'oncle Tom.
4789 Scott (Winfield). — Général.
4790 Slidell (John). — Sénateur.
4791 Stephens (Alexandre-H.).—Vice-président des Etats confédérés.
4792 Seward (William-Henry). — Sénateur.
4793 Siegel. — Général.
4794 Santa-Cruz (André). — Homme politique, ministre plénipotentiaire de la Bolivie.
4795 Sealsfield (Charles), dit le grand inconnu. — Classique américain.
4796 Thomas (Frédéric-William). — Romancier américain.
4797 Ulrich. — Général.

4798 Ulbraga. — Général.

4799 Wool. — Général.

4800 Sommités (nord et sud).—(Groupe de 53).

4801 Washington (George) (feu). — Fondateur de la République (1793).

4802 M. et Mme Tom Pouce.—Nains.

PRUSSE

4803 Frédéric II, surnommé le Grand (feu).—Roi de Prusse (1740).

4804 Guillaume IV (Frédérick-Louis) (feu). — Roi de Prusse.

4805 Elisabeth (Louise). — Reine de Prusse, fille de Maximilien, roi de Bavière.

4806 Guillaume V (Frédéric-Guillaume-Louis. — Roi de Prusse.

4807 Marie-Louise (Auguste-Catherine).—Reine de Prusse, fille de feu grand duc de Saxe-Weimar.

4808 Frédéric-Guillaume (Nicolas-Charles). — Prince royal, héritier présomptif.

4809 Victoria (princesse Frédéric-Guillaume. — Femme du précédent, fille de la reine d'Angleterre.

4810 Frédéric-Guillaume (Victor Albert).—Prince, fils des précédents.

4811 Prince et princesse Frédéric-Guillaume. — (Groupe).

4812 Prince Frédéric et son fils. — (Groupe).

4813 Prince Adalbert (Henri-Guillaume. — Cousin germain du roi régnant.

4814 Prince Frédéric-Charles (Alexandre). — Feldzeugmestre-général.

En vente à la Centralisation de photographies, Ch. Ségoffin, à Paris.

4815 Prince Charles-Frédéric.—Grand duc de Saxe-Weimar.

4816 Princesse Charles Frédéric. — Femme du précédent.

4817 Prince Georges-Frédéric-Guillaume. — Colonel du régiment des gardes du corps.

4818 Prince Charles-Frédéric-Louis (feu).

4819 Princesse Alexandrine.—Fille de Frédéric-Henri-Albert.

4820 Manteuffel (Othon-Théodore baron de). — Ancien ministre.

4821 Manteuffel (Karl-Othon baron de). — Ancien ministre.

4822 Bulow (comte de). — Ambassadeur.

4823 Hatzfeld (Maximilien comte de) (feu). — Ambassadeur.

4824 Blucher de Walhstradt.

4825 Bulow (Hans de). — Pianiste du roi.

SOUVERAINS, PRINCES ET PRINCESSES ÉTRANGERS

4826 Guillaume Ier (Frédéric-Charles). — Roi de Wurtemberg, fils de Frédéric Ier.

4827 Pauline-Thérèse-Louise. — Reine de Wurtemberg, fille de feu duc de Wurtemberg.

4828 Charles-Frédéric-Alexandre. — Prince royal.

4829 Olga-Nicolaewna. — Femme du précédent et fille de Nicolas Ier.

4830 Jean (Népomucène-Marie-Joseph. — Roi de Saxe, fils du roi Maximilien.

4831 Amélie-Auguste.—Reine de Saxe, fille du roi de Bavière.

4832 Caroline de Parme.—Reine-mère.

4833 Albert-Frédéric-Auguste. — Prince royal.

4834 Caroline. — Femme du précédent et fille du prince Gustave de Wasa.

4835 Maurice (François Frédéric). — Frère du duc régnant, capitaine de hussards.

4836 Marie-Elisabeth-Maximilienne. — Fille du roi et femme du duc de Gènes.

4837 Charles **V**, dit Charles-Quint. — Empereur d'Allemagne, roi d'Espagne et des Deux-Ciciles (1516).

4838 Frédéric-Guillaume-Louis (duc de Zachungen). — Grand duc de Bade, fils du grand duc Léopold.

4839 Louise-Marie-Elisabeth. — Grande duchesse de Bade, fille du prince de Prusse.

4840 Wilhelmine (Sophie). — Mère du grand duc, fille de Gustave IV, roi de Suède.

4841 Maximilien-Frédéric-Jean-Ernest. — Neveu du grand duc, margrave et général de cavalerie.

4842 Louise. — Nièce du grand duc, margrave.

4843 Frédéric-François. — Grand duc de Mecklembourg-Schwérin.

4844 Auguste-Mathilde-Wilhelmine. — Grande duchesse de Mecklembourg-Schwérin.

4845 Frédéric-François-Paul-Nicolas. — Grand duc héréditaire du grand duc de Mecklembourg-Schwérin.

4846 Adolphe Guillaume-Charles-Auguste-Frédéric. — Duc de Nassau, général de cavalerie au service de la Prusse.

4847 Ernest-Frédéric-Paul-Georges-Nicolas. — Duc de Saxe-Altenbourg.

4848 Agnès-Frédérique-Amélie. — Duchesse de Saxe-Altenbourg.

4849 Charles-Alexandre-Auguste-Jean. — Grand duc de Saxe-Weimar, fils du grand duc Charles-Frédéric.

4850 Wilhelmine (Marie-Sophie-Louise). — Grande duchesse de Saxe-Weimar, femme du précédent et fille de feu Guillaume II, roi des Pays-Bas.

4851 Hermann (Bernard-Georges). — Prince de Saxe-Weimar.

4852 Augusta-Wilhelmine-Henriette. — Princesse de Saxe-Weimar.

4853 Charles-Auguste-Guillaume. — Prince héréditaire de Saxe-Weimar.

4854 Ernest IV, ou Ernest II, dans la ligne de Cobourg. — Duc de Saxe-Cobourg-Gotha, frère du prince Albert, mari de la reine d'Angleterre.

4855 Albert (François-Charles-Emmanuel). — Prince; mari de la reine d'Angleterre et frère du précédent.

4856 Pierre-Nicolas-Frédéric. — Grand duc d'Oldenbourg.

4857 Gustave (prince de Wasa). — Feld-maréchal au service de l'Autriche.

4858 Princesse de Holstein-Augustenbourg.

4859 Duc Charles de Holstein.

4860 Charles-Antoine (Joachim-Zéphirin-Frédéric). — Prince de Hohenzollern, chef actuel.

4861 Princesse Antoine de Hohenzollern.

4862 Léopold de Hohenzollern.

4863 Marie de Hohenzollern.

4864 Ernest-Chrétien-Charles.—Prince de Hohenlohé, chef de la première branche de cette ligne.

4865 Frédéric-Guillaume Ier. — Prince de Hesse-Cassel.

4866 Gertrude, princesse de Hanau, comtesse de Schaumbourg. — Princesse de Hesse - Cassel, femme du précédent.

4867 Louis-Frédéric-Guillaume.- Prince de Hesse-Darmstadt.

4868 Louise-Marie-Anne. — Princesse de Hesse-Philippsthal.

4869 George V (Frédéric-Alexandre). — Roi de Hanovre, prince royal de Grande-Bretagne et d'Irlande.

4870 Marie-Alexandrine-Wilhelmine.— Reine de Hanovre, fille du duc Joseph.

4871 Ernest-Auguste. — Prince royal.

4872 Frédérique-Sophie. — Princesse royale.

4873 Marie - Ernestine. — Princesse royale.

4874 Frédérique et Marie (princesses). — (Groupe).

4875 Duc de Brunswick (Charles). — Frère du roi.

4876 Louis (Charles-Auguste). — Ex-roi de Bavière, fils du roi Maximilien-Joseph.

4877 Maximilien II (Joseph). — Roi de Bavière, fils aîné du roi Louis.

4878 Marie - Frédérique- Hedwige. — Reine de Bavière, fille de feu Guillaume-Charles, oncle du roi de Prusse.

4879 Roi et Reine de Bavière. — (Groupe).

4880 Louis-Othon-Frédéric. — Prince royal.

4881 Othon - Guillaume - Léopold. — prince royal.

4882 Roi et reine de Bavière (actuel). (Groupe).

4883 Princes Louis et Othon de Bavière. — (Groupe).

4884 Othon Ier, ex-roi de Grèce. — 1er frère du roi de Bavière.

4885 Luitpold-Charles. — 2me frère du roi de Bavière, commandant d'artillerie.

4886 Adalbert-Guillaume. — 3me frère du roi de Bavière, général de cuirassiers.

4887 Mathilde.—1re fille du roi de Bavière, mariée au grand duc régnant de Hesse.

4888 Charles-Théodore-Max. — Prince de Bavière, inspecteur général de l'armée.

4889 Hélène. — Princesse de Bavière.

4890 Marie. — Princesse de Bavière.

4891 Louis-Guillaume. — Duc de Bavière.

4892 Charles-Théodore. — Duc de Bavière.

4893 Léopold Ier (Georges-Chrétien-Frédéric). — Roi des Belges, fils du duc de Saxe-Cobourg-Saalfeld.

4894 Louise-Marie-Thérèse (feu). — Reine des Belges, fille de Louis-Philippe, roi des Français.

4895 Léopold-Louis-Philippe, duc de Brabant. — Prince royal héréditaire.

4896 Marie, duchesse de Brabant. — Femme du précédent, archiduchesse d'Autriche, fille de l'archiduc Joseph, palatin de Hongrie.

4897 Marie-Louise-Amélie de Brabant, (princesse). — Fille du duc et duchesse de Brabant.

4898 Duc et duchesse de Brabant. — (Groupe).

4899 Duc de Brabant. — Duchesse de Brabant. — Princesse Marie. —Duc de Hainaut.—(Groupe).

4900 Philippe-Léopold-George, comte de Flandre. — Prince royal, général-major, commandant des guides.

4901 Charlotte-Marie-Léopoldine. — Princesse royale.

4902 Louis-Prosper, duc d'Arembert. — Prince médiatisé.

4903 Famille de Brabant. — (Groupe).

4904 Prince de Ratzivil.

4905 Prince de Wittgenstein (Sayn père).

4906 Prince de Witgenstein (Sayn fils).

4907 Léopold II (Jean-Joseph-Ferdinand). — Grand duc de Toscane.

4908 Les deux fils du grand duc de Toscane. — (Groupe).

4909 Prince de San-Cataldo. — Sicile.

4910 Princesse de San-Cataldo. — Sicile.

4911 Prince Paul d'Esterhazy de Galantha. — Hongrie.

4912 Prince Zabotski. — Hongrie.

4913 Guillaume III (Alexandre-Paul-Frédéric-Louis). — Roi des Pays-Bas, fils de Guillaume II.

4914 Sophie-Frédérique-Mathilde. — Reine des Pays-Bas, fille de Guillaume Ier.

4915 Guillaume (Nicolas-Alexandre.— Prince royal d'Orange.

4916 Florestan Ier (Tancrède-Grimaldi) (feu). — Prince de Monaco.

4917 Charles III (Charles-Honoré). — Prince de Monaco.

4918 Antoinette Ghislaine (comtesse de Mérode). — Princesse de Monaco, femme du précédent.

4919 Charles XIV (Jean-Bernadotte) (feu). — Roi de Suède (1810).

4920 Eugénie (Bernardine-Désirée-Clary). — Reine de Suède, femme du précédent.

4921 Charles XV (Louis-Eugène). — Roi de Suède (1859), fils du roi Oscar de Suède.

4922 Louise - Wilhelmine - Frédérique (princesse d'Orange). — Reine de Suède, fille de Guillaume-Frédéric.

4923 Joséphine-Maximilienne-Eugénie. — Reine-mère de Suède, mère de Charles XV.

4924 Louise-Joséphine-Eugénie.—Princesse royale de Suède.

4925 Oscar-Frédéric, prince de Suède. — Duc d'Osttogothie, frère du roi.

4926 Nicolas-Auguste de Suède. — Duc de Daléacardi, fils du prince Oscar.

4927 Charles XV, roi de Suède. — Prince Oscar de Suède. — Colonel Castelneau, aide-de-camp de Napoléon III. — Duc de Tarente, chambellan de Napoléon III. — Comte d'Ayguervives, écuyer de Napoléon III. — Hamelin capitaine de vaisseau. — (Groupe).

4928 Frédéric VII (Charles-Chrétien). — Roi de Danemarck.

4929 Danner (Louise-Christine Ramussen) (comtesse de).—Reine de Danemarck, épouse morganatique.

4930 Christian-Auguste de Glucksbourg (prince). — Héritier présomptif.

4931 Frédéric-Emile-Auguste (prince de Noër). — Fils puiné du précédent.

4932 Fernand (prince).

4933 Alexandra (princesse). — Mariée au prince de Galle.

4934 Othon Ier (Frédéric-Louis (feu). — Roi de Grèce (1835), deuxième fils du roi Louis Ier de Bavière.

4935 Amélie-Frédérique. — Reine de Grèce, fille du grand duc d'Oldenbourg.

4936 Georges Ier, roi de Grèce (actuel).

4937 Radama Ier (feu). — Roi de Madagascar, a été fait assassiner par sa veuve Ranavalo (1828).

4938 Radama II (feu). — Roi de Madagascar, assassiné (1863).

4939 Chao-Pha-Mongkout. — Principal roi de Siam.

4940 Prabat-Somdet-Pra-Boroma-Ramesouen-Mahiswaret. — Vice-roi de Siam.

4941 Femme du roi de Siam.

4942 Fils du roi de Siam.

4943 Abdul-Medjid-Khan (feu).— Sultan ou empereur des ottomans.

4944 Abdul-Aziz-Khan. — Sultan ou empereur des ottomans.

4945 Pedro II de Alcantara-Gonzaga. — Empereur du Brésil, fils de dom Pedro Ier.

4746 Thésèse-Christine-Marie.—Impératrice du Brésil, fille de feu François Ier, roi des Deux-Siciles.

4947 Hien-Toung (dit le fils du Ciel).
— Empereur de Chine.

4948 Princesse Tartare.— Impératrice
de Chine.

4949 Nicolas Ieᵉ (Nikizza-Petrowich-
Niegoch. — Prince régnant de
Monténégro..

4950 Danilo Iᵉʳ (Petrovitch-Niegosch).
— Prince de Monténégro, assassiné le 12 août 1860.

4951 Darinka-Kuckitch (princesse Da-
nigro). — Femme du précédent
et fille d'un banquier triestain.

4952 Nasser-Ed-Din-Schah. — Souve-
rain actuel (Schah) de Perse.

4953 Moustafa-Pacha. — Prince égyp-
tien, fils d'Ibrahim.

4954 Souverains régnants. — (Groupe
de 19).

4955 Souveraines régnantes.—(Groupe
de 12).

SOMMITÉS ÉTRANGÈRES

4956 Abd-el-Kader (Sidi-el-Hadji-Ou-
led-Mahiddin). — Célèbre chef
arabe.

4957 Almed-ben-Randoura.

4958 Ali-ben-Ismaël.

4959 Ali-Pacha.

4960 Albrecht (Wilhelm-Edouard). —
Jurisconsulte allemand.

4961 Almonte (Juan-Nepomuceno). —
Général mexicain, de race indienne.

4962 Albrecht (fils).

4963 Anderson. — Poëte danois.

4964 Bou-el-Mogdad. — Cadi de
St.-Louis (Sénégal).

4965 Boghos-Bey. — Homme d'État.

4966 Bravay (François).—D'Alexandrie

4967 Boreel de Mogélandei. — Ministre de Hollande.

4968 Bæhtolsheim (baron de). — Secrétaire du roi de Bavière.

4969 Bismark Schœnkausen (de). —
Général allemand.

4970 Doulgaris. — Président du gouvernement grec.

4971 Bœrhinger. — Rédacteur du *Pariser Zeitung.*

4972 Cheick-si-Ottoman. — Touareg.

4973 Cheick - si-Mohamed Moussa. —
Thouareg.

4974 Cheick-si-Mohamed-Ahmed. — Thouareg.

4975 Ebeling. — Ecrivain allemand.

4976 Eveillard (Mme). — Fille du consul de Syrie.

4977 Fuad-Pacha. — Ambassadeur de Turquie.

4978 Feruch-Khan. — Ambassadeur de l'erse.

4979 Gévaërt (Mme). — Femme de Gévaërt, compositeur belge.

4980 Hassan-Ali-Khan. — Ambassadeur de Perse.

4981 Hassen-Hassen-ben-Kaïd.

4982 Hongroise(Noblesse).—(Groupe).

4983 Hongrie (Défenseur de la). — (Groupe).

4984 Hukeren de Wassenaer (baron). — Grand écuyer du roi des Pays-Bas.

4985 Hussein-Bey. — Général.

4986 Japonais (Ambassadeurs). — En groupe ou séparément.

4987 Juarez (Benito). — Président constitutionnel de la république du Mexique.

4988 Jellani (Baron de). — Croatie.

4989 Kalergis (Demétrius). — Général grec, ancien ministre de la guerre.

4990 Kertbeny. — Membre de l'Académie hongroise.

4991 Keridine. — Ministre de la marine du Bey de Tunis.

4992 Kossuth (Louis). — Chef de la révolution hongroise, 1848.

4993 Klapka (Georges). — Général hongrois.

4994 Kou-Chon et Chanchaloë (Groupe). — Ambassadeur et ambassadrice siamois.

4994 Kanaris (Constantin). — Célèbre marin grec.

4995 Kern (J. Conrad). — Homme d'État Suisse.

4996 Krno-Pétrovic. — Vice-président du sénat de Monténégro.

4997 Kertbeny. — Ecrivain hongrois.

4998 Lambert (N.....). — Négociant français, 1er ministre à Madagascar.

4999 Méhémet-Ali-Pacha. — Ex grand-visir ottoman.

5000 Méhémet-Djemil-bey. — Diplomate ottoman, ambassadeur.

5001 Méhémet-Kibrisli-Pacha. — Ancien grand-visir ottoman.

5002 Méhémet-Ruchdi-Pacha. — Grand-visir ottoman.

5003 Musurus (Constantin). — Diplomate ottoman.

5004 Miramon (Miguel). — Ex président de la république du Mexique.

5005 Mason (N....). Homme politique américain.

5006 Nazin-Bey. — Fils de Fuad-Pacha.

5007 Nikitas. — Général grec.

5008 Omer-Pacha (aujourd'hui Muche, Latta. — Célèbre général ottoman.

5009 Perse (Ambassadeurs de). — En groupes ou séparément.

5010 Phoxai-Pba-Naroung. — Ambassadeur siamois.

5011 Plénipotentiaires turcs et leur suite. — (Groupe de 21, du Congrès de Paris, 1056).

5012 Philipps. — Président des Etats de Hollande.

5013 Peterrfy. — Ecrivain hongrois.

5014 Smolka. — Docteur hongrois.

5015 Saragoza (Ignacio). — Général mexicain de race indienne.

5016 Saligny (De). — Consul au Mexique.

5017 Slidel (John). — Homme politique américain.

5018 Siamoïs (ambassadeurs). — En groupes ou séparément.

5019 Sina (baron de). — Banquier grec.

5020 Sefer-Pacha. — Général ottoman.

5021 Saffers-Pacha. — Amiral.

5022 Szechénys (Etienne comte de). — Ancien ministre hongrois.

5023 Szechenyi (Odor comte). — Fils dn précédent.

5024 Saisy (de). — Capitaine des zouaves pontificaux.

5025 Szemene (de). — Ancien ministre hongrois.

5026 Téléki (comte Ladisdas). — Littérateur et homme politique hongrois.

5027 Vucalovich (Zuco). — Général Monténégrien.

5028 Valick. — Secrétaire du prince de Monténégro.

5029 Vladika. — Archimandrite de Monténégro.

5030 Vefyx Effendi.

5031 Vely-Pacha.

REPRODUCTIONS

TABLEAUX DE GRANDS MAITRES

5032 La belle Jardinière (Louvre). — D'après Raphaël, 1510.

5033 La Vierge au Rideau (Palais Patti). — D'après Raphaël.

5034 La Vierge de Saint-Sixte (Dresdé). D'après Raphaël.

5035 La Madone de Foligno (Vatican). — D'après Raphaël.

En vente à la Centralisation de photographies, Ch. Ségoffin, à Paris.

5036 La Vierge à la Chaise (Palais Pitti. — D'après Raphaël.

5037 La Vierge au Candelabre. — D'après Raphaël.

5038 Saint-Michel (Louvre). — D'après Raphaël.

5039 La Vierge à la Rédemption. — D'après Raphaël.

5040 Le Mariage de la Vierge (Milan). — D'après Raphaël.

5041 Le Spasimo (Naples). — D'après Raphaël.

5042 La Sainte Famille (Louvre). — D'après Raphaël.

5043 La Transfiguration (Vatican). — D'après Raphaël.

5044 La Vierge à l'OEillet. — D'après Raphaël.

5045 La Vierge au Coussin. — D'après Raphaël.

5046 La Vierge à la Perle. — D'après Raphaël.

5047 La Vierge au Livre. — D'après Raphaël.

5048 La Vierge au Voile. — D'après Raphaël.

5049 La Vierge au Poisson. — D'après Raphaël.

5050 La Vierge au Berceau. — D'après Raphaël.

5051 Adam et Ève. — D'après Raphaël.

5052 Sainte Cécile. — D'après Raphaël.

5053 La Pêche Miraculeuse. — D'après Raphaël.

5054 L'Institution de l'Eglise, — D'après Raphaël.

5055 St.-Pierre et St.-Jean au Temple. — D'après Raphaël.

5056 St.-Paul et St.-Barnabé refusant le sacrifice. — D'après Raphaël.

5057 St.-Paul prêchant. — D'après Raphaël.

5058 Elymas frappé d'aveuglement. — D'après Radhaël.

5059 Mort d'Ananias. — D'après Raphaël.

5060 La Vierge au Flambeau. — D'après Raphaël.

5061 La Vierge au Donataire. — D'après Raphaël.

5062 La Vierge mère du Rédempteur. — D'après Raphaël.

5063 La Vierge de Vienne. — D'après Raphaël.

5064 La Vierge mère de l'homme Dieu. — D'après Raphaël.

5065 Le Massacre des Innocents. — D'après Raphaël.

5066 La Vierge aux Ruines. — D'après Raphaël.

5067 La Nativité. — D'après Raphaël.

5068 La Prison de St.-Pierre. — D'après Raphaël.

5069 La Messe de Boliène. — D'après Raphaël.

5070 Le Parnasse. — D'après Raphaël.

5071 Attila. — D'après Raphaël.

5072 Héliodore chassé du Temple. — D'après Raphaël.

5073 La dispute du Saint-Sacrement. D'après Raphaël.

5074 L'Ecole d'Athènes. — D'après Raphaël.

5075 L'Incendie du Bourg. — D'après Raphaël.

5076 L'Ecole d'Athènes. — D'après Raphaël.

5077 Jésus mis au Tombeau. — D'après Raphaël.

5078 St.-Jean adorant Jésus. — D'après Raphaël.

5079 Adoration des Bergers. — D'après Raphaël.

5080 Vision d'Ezechiel. — D'après Raphaël.

5081 Jules II, pape. — D'après Raphaël.

5082 La Vierge du Grand-Duc. — D'après Raphaël.

5083 Grande Sainte Famille — D'après Raphaël.

5084 La Vierge de Naples — D'après Raphaël.

5085 La Vierge et l'Enfant-Jésus. — D'après Raphaël.

5086 Sommeil de Jésus. — D'après Raphaël.

5087 La Vierge au Linge. — D'après Raphaël.

5088 Mise au Tombeau. — D'après Raphaël.

5089 La Cène. — D'après Raphaël.

5090 Annonciation, — D'après Raphaël.

5091 Repos en Egypte. — D'après Raphaël.

5092 La Charité. — D'après Raphaël.

5093 La Vierge et Sainte-Elisabeth. D'après Raphaël.

5094 L'Espérance. — D'après Raphaël.

5095 Jésus et saint Jean-Baptiste. — D'après Raphaël.

5096 La Vierge aux Anges. — D'après Raphaël.

5097 La Madone de la terre. — D'après Raphaël.

5098 Paul et Barnabé. — D'après Raphaël.

5099 La Madone de Foligno. — D'après Raphaël.

5100 Mᵐᵉ de Brigwater. — D'après Raphaël.

5101 Mère des Anges. — D'après Raphaël.

5102 Sainte Marguerite. — D'après Raphaël.

5103 Saint Jean, évangéliste. — D'après Raphaël.

5104 Saint Jean-Baptiste. — D'après Raphaël.

5105 Jésus et sa mère. — D'après Raphaël.

5106 Descente de croix. — D'après Rubens (1600).

5107 Moïse frappant le rocher. — D'après Rubens.

5108 La Cène. — D'après Rubens.

5109 Le Denier de César. — D'après Rubens.

5110 Christ à la lance. — D'après Rubens.

5111 Adoration des Mages. — D'après Rubens.

5112 Pentecôte. — D'après Rubens.

5113 Incrédulité de saint Thomas. — D'après Rubens.

5114 Jésus élevé en croix. — D'après Rubens.

5115 La Vierge au portique. — D'après Rubens.

5116 Sainte famille. — D'après Rubens.

5117 Sommeil de l'enfant Jésus. — D'après Rubens.

5118 La Station. — D'après Rubens.

5119 Saint Ambroise et Théodore le Grand. — D'après Rubens.

5120 Jésus expire sur la croix (Louvre). — D'après Rubens.

5121 Le Jugement dernier. — D'après Michel-Ange.

5122 La vie de la Vierge. — D'après P. Pons (de l'Hérault).

5123 Image de la première communion. — D'après P. Pons (de l'Hérault).

5124 Vierge au rosaire. — D'après P. Pons (de l'Hérault).

5125 Le chemin de la croix. — D'après P. Pons (de l'Hérault).

5126 Notre-Dame de Fourvière. — D'après P. Pons (de l'Hérault).

5127 Immaculée conception. — D'après Murillo (1630).

5128 Annonciation (Musée de Madrid. — D'après Murillo.

5129 Nativité de la Vierge. — D'après Murillo.

5130 La Vierge au chapelet (Louvre). — D'après Murillo.

5131 La Vierge au rosaire. — D'après Murillo.

5132 La Vierge de Madrid. — D'après Murillo.

5133 Ecce Homo. — D'après Murillo.

5134 La Vierge de Séville. — D'après Murillo.

5135 Saint Joseph. — D'après Murillo.

5136 Saint Jean inspiré. — D'après Murillo.

5137 Mariage de sainte Catherine. — D'après Murillo.

5138 Couronnement de la Vierge. — D'après Murillo.

5139 Saint Antoine de Padoue. — D'après Murillo.

5140 Sainte famille. — D'après Murillo.

5141 Mater Dolorosa. — D'après Murillo.

5142 Immaculée (d'Anvers). — D'après Murillo.

5143 Immaculée (Louvre). — D'après Murillo.

5144 La Vierge à l'Auréole. — D'après Murillo.

5145 Saint Jean-Baptiste (Musée de Madrid). — D'après Murillo.

5146 Divin Pasteur. — D'après Murillo.

5147 Naissance de la Vierge (Louvre). — D'après Murillo.

5148 Mater Amabilis. — D'après Murillo.

5149 Vierge à la ceinture (Louvre). — D'après Murillo.

5150 Buste de l'immaculée (Louvre). — D'après Murillo.

5151 Mère de Dieu. — D'après Murillo. — D'après Murillo.

5152 Mater avec le Christ. — D'après Murillo.

5153 In me gratis. — D'après Murillo.

5154 Assomption de la Vierge. — D'après Murillo.

5155 Enfance de Jésus. — D'après Murillo.

5156 Jésus, Marie, Joseph. — D'après Murillo.

5157 Sainte Elisabeth de Hongrie. — D'après Murillo.

5158 Sainte Rose de Lima. — D'après Murillo.

5159 Sainte Eulalie. — D'après Murillo.

5160 Sainte Anne instruisant la Vierge. — D'après Murillo.

5161 Sainte Magdeleine. — D'après Murillo.

5162 Saint François d'Assise. — D'après Murillo.

5163 Le Christ au Roseau. — Le Guide (1600).

5164 La Vierge de douleur. — Le Guide.

5165 Sainte Catherine. — Le Guide.

5166 Saint Jean au désert. — Le Guide.

5167 L'Annonciation. — Le Guide.

5168 La fuite en Egypte. — Le Guide.

5169 La Salutation. — Le Guide.

5170 Sainte Madeleine (Louvre). — Le Guide.

5171 Le Christ aux saintes femmes. — Le Guide.

5172 Tête de Christ. — Le Guide.

5173 Ecce Homo. — Le Guide.

5174 Nativité. — Le Guide.

5175 La Cenci. — Le Guide.

5176 Le Martyr de saint André. — Le Guide.

5177 Jésus au jardin (Louvre). — Le Guide.

5178 Mater dolorosa. — Le Guide.

5179 Repos en Egypte. — Le Poussin (1640).

5180 Jugement de Salomon. — Le Poussin.

5181 L'Assomption. — Le Poussin.

5182 Le Baptême. — Le Poussin.

5183 La Pénitence. — Le Poussin.

5184 La Confirmation. — Le Poussin.

5185 L'Eucharistie. — Le Poussin.

5186 L'Extrême-Onction. — Le Poussin.

5187 L'Ordre. — Le Poussin.

5188 Le Mariage. — Le Poussin.

5189 Agonie de Jésus. — Le Poussin.

4190 Le ravissement de Saint Paul. — Le Poussin.

5191 Moïse frappant le rocher. — Le Poussin.

5192 *Les 14 stations.* — Le Poussin.

5193 La Sainte Famille. — Le Poussin.

5194 La Fuite en Egypte. — Le Poussin.

5195 Moïse sauvé des eaux. — D'après Le Poussin.

5196 Massacre des Innocents. — D'après Le Poussin.

5197 La Vierge et l'enfant Jésus. — D'après Le Poussin.

5198 La femme adultère.— D'après Le Poussin.

5199 Moïse et les bergers de Madian. — D'après Le Poussin.

5200 L'Assomption de la Vierge (Louvre). — D'après Le Poussin.

5201 Le Christ au prétoire. — D'après Van Dyck (1630).

5202 Christ à l'éponge. — D'après Van Dyck.

5203 Mater Castissima. — D'après Van Dyck.

5204 Sainte Famille. — D'après Van Dyck.

5205 Le Christ au Roseau. — D'après Van Dyck.

5206 La Vierge et sainte Catherine. — D'après Van Dyck.

5207 Repos en Egypte (Palais Pitti).— D'après Van Dyck.

5208 Tête de Vierge (Palais Pitti). — D'après Van Dyck.

5209 La Vierge allaitant.—D'après Van Dyck.

5210 Le Christ en croix.—D'après Van Dyck.

5211 Jésus mort sur les genoux de sa mère. — D'après Van Dyck.

5212 Abraham renvoie Agar (Louvre). —D'après Van Dyck.

5213 La Vierge à la Palme. — D'après le Titien (1540).

5214 La Femme adultère. — D'après le Titien.

5215 La Couronne d'épines. — D'après le Titien.

5216 Ecce Homo. — D'après le Titien.

5217 La Mise au tombeau. — D'après le Titien.

5218 La Vierge aux anges. — D'après le Titien.

5219 L'Assomption de la Vierge. — D'après le Titien.

5220 La Vierge à l'adoration.— D'après le Titien.

5221 Martyr de saint Pierre.—D'après le Titien.

5222 Madeleine. — D'après le Titien.

5223 Jésus mis au tombeau (Louvre). — D'après le Titien.

5224 La Vierge au piedestal.—D'après A. del Sarte (1520).

5225 La Vierge au trône. — D'après A. del Sarte.

5226 La Vierge au sac.—D'après A. del Sarte.

5227 Sainte famille. — D'après A. del Sarte.

5228 La Vierge d'A. del Sarte.—D'après A. del Sarte.

5229 Saint Chrysostôme.—D'après Albert Durer (1515).

—

VIE DE LA VIERGE.

5230 La Vierge et Jésus. — D'après Albert Durer.

5231 L'Agneau pascal. — D'après Albert Durer.

4232 Les Bergers avertis de la naissance du Christ.—D'après Albert Durer.

5233 Rencontre de Zacharie et de sainte Anne. — D'après Albert Durer.

5234 La Naissance de la Vierge. — D'après Albert Durer.

5235 La Présentation au Temple. — D'après Albert Durer.

5236 Le Mariage de la Vierge.—D'après Albert Durer.

5237 L'Annonciation.— D'après Albert Durer.

5238 La Visitation. — D'après Albert Durer.

5239 L'Adoration des Bergers. — D'après Albert Durer.

5240 L'Adoration des rois mages. — D'après Albert Durer.

5241 La Purification.—D'après Albert Durer.

5242 La Circoncision.— D'après Albert Durer.

5243 L'Intérieur de saint Joseph. — D'après Albert Durer.

5244 La fuite en Egypte.—D'après Albert Durer.

5245 Jésus au Temple. — D'après Albert Durer.

5246 Le Départ pour la Passion. — D'après Albert Durer.

5247 La Sainte famille. — D'après Albert Durer.

—

5248 La Cène. — D'après Léonard de Vinci (1500).

5249 Le Christ. — D'après Léonard de Vinci.

5249 *bis* La Vierge. — D'après Léonard de Vinci.

5250 Le Christ en croix.—D'après Prud'hon (1800).

5251 La famille Tobie.— D'après Rembrandt (1650).

5252 La décolation de saint Jean-Baptiste. — D'après Rembrandt.

5253 Le Christ aux enfants. — D'après Owerbeeck (1700).

4254 Joseph vendu. — D'après Owerbeeck.

5255 Annonciation. — D'après Owerbeeck.

5256 Jésus bénissant ses enfants. — D'après Owerbeeck.

5257 Jésus enfant. — D'après Owerbeeck.

5258 Sainte famille. — D'après Owerbeeck.

5259 Ouvrez-moi. — D'après Owerbeeck.

5260 Jésus retrouvé par sa mère. — D'après Owerbeeck.

5261 La Pentecôte. — D'après Owerbeeck

5262 La Nativité. — D'après Owerbeeck.

5263 La Pâque.—D'après Owerbeeck.

5264 La Résurection.—D'après Owerbeeck.

5265 L'Ascension. — D'après Owerbeeck.

5266 L'Assomption. — D'après Owerbeeck.

5267 Jésus devant Pilate. — D'après Owerbeeck.

5268 Jésus au Jardin des Oliviers. — D'après Owerbeeck.

5269 Jésus dépouillé. -- D'après Owerbeeck.

5270 Jésus mort sur la croix. —D'après Owerbeeck.

5271 Mise au Tombeau. — D'après Owerbeeck.

5272 Jésus Rédempteur. — L'après Owerbeeck.

5273 La Vierge de saint François. — D'après le Corrége.

5274 Mariage de sainte Catherine. — D'après le Corrége.

5275 La Liseuse. — D'après le Corrége.

5276 La Nativité. — D'après le Corrége

5277 Mater divinæ gratiæ. — D'après le Corrége.

5278 La Vierge au silence. — D'après le Corrége.

5279 Mariage mystique. — D'après le Corrége.

5280 Saint Jérôme. — D'après le Corrége.

5281 Ecce Homo. — D'après le Corrége.

5282 Madeleine. — D'après le Corrége.

5283 La Vierge, Jésus et saint Jean. — D'après Mignard.

5284 La Vierge aux raisins (Louvre). — D'après Mignard.

5285 La Vierge à la grappe. — D'après Mignard.

5286 Jésus sur le chemin du Calvaire. — D'après Mignard.

5287 Sainte Cécile. — D'après Mignard.

5288 Jésus caressant sa mère. — D'après Mignard.

5289 Saint Pierre. — D'après Pérugin.

5290 Saint Paul. — D'après Pérugin.

5291 Christ au Tombeau. — D'après Pérugin.

5292 Mère de la consolation. — D'après Pérugin.

5293 Saint François. — D'après Pierre.

5294 Sainte Geneviève. — D'après Van Loo.

5295 L'Adoration des bergers. — D'après Van Loo.

5296 Le Mariage de la Vierge (Louvre). — D'après Van Loo.

5297 Le Mariage mystique. — D'après Paul Véronèse.

5298 Vierge. — D'après Paul Véronèse.

5299 Les Noces de Cana. — D'après Paul Véronèse.

5300 L'Adoration des Mages. — D'après Paul Véronèse.

5301 La Fille de Pharaon. — D'après Paul Véronèse.

5302 Le Vœu de la famille Concini. — D'après Paul Véronèse.

5303 La fuite en Egypte. — D'après Decaisne.

5304 Jésus au milieu des docteurs. — D'après Decaisne.

5305 La Vierge de Murillo. — D'après Fragment.

5306 La Vierge au poisson. — D'après Fragment.

5307 La Vierge aux fruits. — D'après Fragment.

5308 La Vierge de Lucques. — D'après Fragment.

5309 La Madone aux quatre saints. — D'après Ramenghi.

5310 Saint Jean l'évangéliste.—D'après le Dominiquin.

5311 La dernière communion de saint Jérôme. — D'après le Dominiquin.

5312 La Madeleine.— D'après le Dominiquin.

5313 L'Annonciation. —D'après le Dominiquin.

5314 La Communion de Madeleine. — D'après le Dominiquin.

5315 Sainte Cécile.—D'après le Dominiquin.

5316 La Vierge au lézard. — D'après Jules Romain.

5317 L'assomption de la Madeleine. — D'après Jules Romain.

5318 La Chananéenne. — D'après Drouais.

5319 Marthe et Marie. — D'après Drouais.

5320 Mort de Jésus. — D'après Moralès.

5321 Le Christ de douleur. — D'après Moralès.

5322 Jésus au linceul. — D'après Persichini.

5323 Le Christ en croix.—D'après Girardon.

5324 La Vierge au silence. — D'après A. Carrache.

5325 Le Christ.—D'après A. Carrache.

5326 Madeleine.—D'après A. Carrache.

5327 La Nativité. — D'après A. Carrache.

5328 Sainte Madeleine. — D'après Lebrun.

5329 Saint Louis, roi de France (Louvre).— D'après Lebrun.

5330 Mater dolorosa. — D'après Lebrun.

5331 Martyr de saint Etienne.—D'après Lebrun.

5332 Christ aux Anges (Louvre). — D'après Lebrun.

5333 La Descente de croix. — D'après Lebrun.

5334 Saint Charles Borromée.—D'après Lebrun.

5335 Le Christ expirant. — D'après Lebrun.

5336 La Nativité. — D'après Ribéra.

5337 Saint François.— D'après Sigole.

5338 Mlle Legras, fondatrice des sœurs de charité. — D'après le frère François, lazariste.

5339 Saint Vincent de Paul, fondateur des lazaristes. — D'après le frère François, lazariste.

5340 Jésus au Temple. — D'après Luini.

5341 La Vierge Marie. — D'après Luini.

5342 Mariage Mystique de sainte Catherine. — D'après Palma (le vieux).

5343 Saint Vincent de Paul. — D'après Simon François.

5344 Le Saint Sépulcre. — D'après Ligier Richer.

5345 Saint Joseph. — D'après Lochner.

5346 Sainte Marie. — D'après Schraudolph.

5347 Saint Bruno. — D'après Lesueur.

5348 Sainte Véronique. — D'après Lesueur.

5349 Parlement de Croix. — D'après Lesuéur.

5350 Jésus et la Madeleine (Louvre). — D'après Lesueur.

5351 Jésus chez Marthe. — D'après Lesueur.

5352 L'Adoration des Anges. — D'après A. Muller.

5353 Le Petit Jésus. — D'après A. Muller.

5354 La Mère de douleur. — D'après H. Lazerges.

5355 Le Rédempteur. — D'après H. Lazerges.

5356 La Très-Sainte-Vierge. — D'après H. Lazerges.

5357 N.-S. Jésus-Christ. — D'après H. Lazerges.

5358 Agonie du Christ. — D'après H. Lazerges.

5359 Christ au Linceuil. — D'après H. Lazerges.

5360 Notre-Dame de Résignation. — D'après H. Lazerges.

5361 Les Saintes Femmes allant au Tombeau. — D'après Landelle.

5362 Les Anges de la Passion — la Couronnne. — D'après Landelle.

5363 Le Christ et ses Disciples. — D'après Laudelle.

5364 Les Anges de la Passion — le Calice. — D'après Landelle.

5365 Le Christ au Jardin des Oliviers. D'après Delaroche.

5366 La Vierge au pied de la Croix. — D'après Paul Delaroche.

5367 L'Ange Gabriel. — D'après Paul Delaroche.

5368 Jésus-Christ. — D'après Paul Delaroche.

5369 Les Pèlerins. — D'après Paul Delaroche.

5370 Sainte Cécile. — D'après Paul Delaroche.

5371 L'Ensevelissement du Christ. — D'après Paul Delaroche.

5372 La Vierge à la Vigne. — D'après Paul Delaroche.

5373 Sainte Amélle. — D'après Paul Delaroche.

5374 Mater Dolorosa. — D'après Paul Delaroche.

5375 Le Martyre. — D'après Paul Delaroche.

5376 Jésus enfant (Marbre). — D'après Canova.

5377 La Madone de Lucques. — D'après Bartholoméo.

5378 Présentation au temple. — D'après Bartholoméo.

5379 La fuite en Egypte. — D'après Colin.

5380 Le petit saint Jean. — D'après de Rudder.

5381 La Vierge et l'enfant Jésus. — D'après Simon Vouet.

5382 Apparition de l'ange à Zacharie. — D'après Ghirlandajo (Domenico-Corrade), dit le célèbre peintre Florentin (1470).

5383 Fresques des églises de Florence — D'après Ghirlandajo.

5384 Visitation.—D'après Ghirlandajo.

5385 Le souper d'Hérode. — D'après Ghirlandajo.

5386 Le Mariage de la Vierge.--D'après Ghirlandajo.

5387 L'Adoration des Mages. — D'après Ghirlandajo.

5388 La Vierge montant au temple. — D'après Ghirlandajo.

5389 Vie de saint François.— D'après Ghirlandajo.

5390 Mort de saint François. — D'après Ghirlandajo.

5391 Nativité de la Vierge. — D'après Ghirlandajo.

5392 Saint Jean-Baptiste prêchant. — D'après Ghirlandajo.

5393 Baptême de Jésus-Christ. — D'après Ghirlandajo.

5394 Nativité de saint Jean-Baptiste.— D'après Ghirlandajo.

5395 Zacharie écrit que le fils soit appelé Jean. — D'après Ghirlandajo.

5396 Saint François reçoit les Stigmates. — D'après Ghirlandajo.

5397 Saint Joachim chassé du temple. — D'après Ghirlandajo.

5398 Honorius III approuve la règle des mineurs. — D'après Ghirlandajo.

5399 L'Enfant ressucité par saint François.— D'après Ghirlandajo.

5400 Saint François devant le Soudan de Soria.—D'après Ghirlandajo.

5401 L'Annonciation. — D'après Ghirlandajo.

5402 Le prophète Daniel. — D'après Ziegler.

5403 Saint Augustin et sainte Monique. —D'après Ary Scheffer.

5404 Le Christ au Jardin des Oliviers. — D'après Ary Scheffer.

5405 La Tentation du Christ.—D'après Ary Scheffer.

5406 Ruth et Noémi. — D'après Ary Scheffer.

5407 Jacob et Rachel. — D'après Ary Scheffer.

5408 Mater Dolorosa. — D'après Ary Scheffer.

5409 Jésus Christus. — D'après Ary Scheffer.

5410 Le Christ rémunérateur.—D'après Ary Scheffer.

5411 Le Christ consolateur. — D'après Ary Scheffer.

5412 Maria Magdaléna. — D'après Ary Scheffer.

5413 Les Saintes femmes au tombeau du Christ.—D'après Ary Scheffer.

5414 Le Christ et saint Jean.—D'après Ary Scheffer.

5415 Les Saintes femmes allant au tombeau —D'après Ary Scheffer.

5416 Les Saintes femmes revenant du tombeau.—D'après Ary Scheffer.

5417 Sainte Philomène.— D'après Deveria.

5418 Vierge du Carmen.—D'après Deveria.

5419 Notre-Dame de Lorette.—D'après Deveria.

5420 Vierge de la Merci. — D'après Deveria.

5421 Vierge du bon secours.—D'après Deveria.

5422 Fuite en Egypte. — D'après Deveria.

5423 Ange gardien.—D'après Deveria.

5424 Sainte Pauline. — D'après Deveria.

5425 Divin Pasteur. — D'après Deveria.

5426 Jésus et les enfants. — D'après Deveria.

5427 Institution du sacré-cœur. — D'après Deveria.

5428 Jésus adoré par les anges. — D'après Deveria.

5429 Cœur de Jésus en pied.—D'après Deveria.

5430 Cœur de Marie. — D'après Deveria.

5431 Jésus au jardin avec l'ange. — D'après Deveria.

5432 Sainte Trinité. — D'après Deveria.

5433 Sainte Françoise. — D'après Deveria.

5434 Occupation de la sainte famille. — D'après Deveria.

5435 Saint Nicolas.—D'après Deveria.

5436 Notre-Dame de la Guadeloupe. — D'après Deveria.

5437 Sainte Elisabeth. — D'après Deveria.

5438 Sainte Brigitte.—D'après Deveria.

5439 Notre - Dame des affligés. — D'après Deveria.

5440 Sainte Philomène (Assise). — D'après Deveria.

5441 Sainte Rosalie. — D'après Deveria.

5442 Vierge au pilier. — D'après Deveria.

5443 Sainte Ursule.—D'après Deveria.

5444 Mois de Marie (Invocation). — D'après Deveria.

5445 Mois de Marie (Offrande). — D'après Deveria.

5446 Saint Pierre. — D'après Deveria.

5447 Saint Vincent de Paul. — D'après Deveria.

5448 Saint Louis de Gonzague. — D'après Deveria.

5449 Saint Stanislas de Kostka. — D'après Deveria.

5450 Jésus, Marie, Joseph. — D'après Deveria.

5451 Sainte Thérèse. — D'après Deveria.

5452 Notre Dame du Rosaire.—D'après Deveria.

5453 Notre-Dame de la Merced. — D'après Deveria.

5454 La Visitation. — D'après Albertinelli.

5455 Le Christ bénissant le pain. — D'après Carle Dolce.

5456 Sainte Placide. — D'après Carle Dolce.

5457 Mater Dolorosa. — D'après Carle Dolce.

5458 Descente de croix.—D'après Jouvenet.

5459 Le Magnificat. — D'après Jouvenet.

5460 La Vierge et sainte Anne (Louvre). — D'après Jouvenet.

5461 La vierge au coussin vert. — D'après André Salaria.

5462 Mater Amabilis. — D'après Sasso Ferrato.

5463 La Vierge. — D'après Sasso Ferrato.

5464 Jésus au Jardin des Oliviers. — D'après Resou!.

5465 Saint Jérôme. — D'après Daniel Crespi.

5466 Descente de croix (bas-relief) — D'après Soldanis.

5467 La Peste de Milan. — D'après Nicolini.

5468 La Vierge au livre. — D'après Fiézole.

5469 Le Rédempteur. — D'après Primatrice.

5470 Sainte Anne. — D'après V. Zier.

5471 Notre-Name des Victoires. — D'après V. Zier.

5472 L'enfant prodigue. — Spada.

5473 Tentation de saint Antoine. — D'après Téniers.

5474 La Samaritaine.—D'après Champagne.

5475 Moïse. — D'après Champagne.

5476 Le Christ aux oliviers.—D'après Retout.

5477 Jardin des Oliviers. — D'après Retout.

5478 Jésus guérissant les paralytiques. — D'après Retout.

5479 Saint Vincent de Paul. — D'après Soubre.

5480 La Providence des pauvres. — D'après Soubre.

5481 Mater dolorosa.—D'après Tessier.

5482 Mater dolorosa (Buste).—D'après Tessier.

5483 La Reine des cieux. — D'après Deger.

5484 Saint Charles Borromée.—D'après Fanoli.

5485 Saint Louis de Gonzague. — D'après Fanoli.

5486 Sacré-cœur de Jésus. — D'après Fanoli.

5487 Sacré-cœur de Marie. — D'après Fanoli.

5488 San Ramo Nonato. — D'après Fanoli.

5489 La Vierge au pied de la croix. — D'après Timbal.

5490 Présentation au temple.—D'après Thomas.

5491 Jésus baptisé par saint Jean. — D'après Thomas.

5492 Entrée de Jésus à Jérusalem. — D'après Thomas.

5493 Jésus chez Simon. — D'après Thomas.

5494 Jésus chassant les marchands. — D'après Thomas.

5495 Pêche miraculeuse. — D'après Thomas.

5496 Zachée reçoit Jésus. — D'après Thomas.

5497 Multiplication des pains.—D'après Thomas.

5498 Jésus au calvaire.—D'après Thomas.

5499 Séparation des apôtres.—D'après Thomas.

5500 Christ consolateur. — D'après Thomas.

5501 Saint Vincent de Paul.—D'après Thomas.

5502 Saint Louis de Gonzague. — D'après Thomas.

5503 Jésus et les disciples d'Emmaüs. — D'après Thomas.

5504 Sainte Thérèse et le Christ, saint Michel. — D'après Lasnier.

5505 Notre-Dame de Fourvières à Lyon. — D'après Lasnier.

5506 Pour les pauvres. — D'après Compte-Calix.

5507 Dieu vous le rendra. — D'après Compte-Calix.

5508 Saint Louis, roi.—D'après J. Felon.

5509 Enfance de Jésus. — D'après Stella.

5510 Sainte Thérèse (Louvre).--D'après Gérard.

5511 Jacob et Rachel.—D'après Leloir.

5512 Moïse sauvé. — D'après Leloir.

5513 Tobie rendant la vue a son père. — D'après Leloir.

5514 Ruth dans le champ de Booz. — D'après Leloir.

5515 Jésus et la Samaritaine.—D'après Leloir.

5516 Sainte Cécile. — D'après Leloir.

5517 Denier de la veuve. — D'après Leloir.

5518 Jésus et les petits enfants. — D'après Leloir.

5519 Vierge et saint Jean. — D'après Leloir.

5520 Saint Louis consacrant les reliques. — D'après L. de Leyde.

5521 Exaltation de la Vierge.—D'après Maratta.

5522 La Vierge aux fleurs. — D'après Maratta.

5523 Saint François et sainte Catherine. — D'après Maratta.

5524 La fuite en Egypte. — D'après Maratta.

5525 Denier de César. — D'après Bazin.

5526 Femme adultère 1°.—D'après Signol.

5527 Femme adultère 2°.—D'après Signol.

5528 Qui me suit, etc..... — D'après Signol.

5529 Françoise de Rimini à Ravennes.
— D'après Signol.

5530 Jésus et la Samaritaine.—D'après
Signol.

5531 Sainte Thérèse. — D'après Girard.

5532 Qui donne aux pauvres.—D'après
Naudin.

5533 La lecture de la Bible (Louvre).
— D'après Greuze.

5534 Reine des cieux. — D'après Deger.

5535 Résurrection.— D'après Audray.

5536 Christ marchant sur les eaux. —
D'après Ruyter.

5537 La Magdeleine. — D'après Schia-
vone.

5538 La Charité. — D'après Dubufe.

5539 L'Espérance. — D'après Dubufe.

5540 La Vierge à la croix. — D'après
Dubufe.

5541 Le Denier de la veuve.—D'après
Dubufe.

5542 Saint François de Paul.— D'après
Lafont.

5543 Cœurs de Jésus et Marie. —
D'après Chiapory.

5544 Saint Pierre. — D'après Chiapory.

5545 Jésus et les enfants. — D'après
Chiapory.

5546 Christ aux anges. — D'après Fé-
lon.

5547 Vierge aux anges. — D'après Fé-
lon.

5548 Sacré-cœur de Jésus. — D'après
Jouy.

5549 Sacré-cœur de Marie. — D'après
Jouy.

5550 Enfance de la Vierge. — D'après
Cibot.

5551 Enfance de Jésus. — D'après Cibot.

5552 La Charité. —D'après Guet.

5553 Vierge et l'enfant Jésus.—D'après
Gothing.

5554 Adoration des Mages. — D'après
Zurbaran.

5555 Mater admirabilis.—D'après Massard.

5556 Orphelinat impérial. — D'après
Racinet.

5557 Sainte Cécile.—D'après L. Haids-
hoff.

5558 Adoration des bergers.—D'après
Wanderwerfl.

5559 La Vierge aux fruits. — D'après
Albane.

5560 Le Christ flagellé.—D'après Tony.

5561 La Vierge et l'enfant Jésus. —
D'après Alonzo Canet.

5562 Sacrifice d'Abraham. — D'après
Coypel.

5563 L'Ange gardien. — D'après Lejeune.

5564 Baptême de Jésus.—D'après l'Albane.

5565 Jésus et ses disciples.— D'après
Appiani.

En vente à la Centralisation de photographies, Ch. Ségoffin, à Paris.

5566 La Descente de croix. — D'après Daniel de Volterre.

5567 Rebecca. — D'après Elmore.

5568 La Samaritaine. — D'après Herbert.

5569 La mort d'Abel.—D'après Werff.

5570 Scène du déluge. — D'après Regnault.

5571 La tête d'Holopherne présentée au peuple. — D'après Benvenuti.

5572 La chaste Suzanne. — D'après Ghérardo.

5573 Laban cherchant ses dieux. — D'après Jeaurat.

5574 Adam et Eve. — D'après Barbie.

5575 Jésus enfant.—D'après Lhubner.

5576 Saint Jean enfant. — D'après Lhubner.

5577 Saint Vincent de Paul.—D'après Monsiau.

5578 L'Apparition du Christ.—D'après Thomas Urwins.

5579 Ruth dans les champs de Booz.—D'après Frith.

5580 Les Religieux du mont Saint-Bernard. — D'après Chaix.

5581 Abigail et David.—D'après Vieughels.

5582 Suzanne au bain.—D'après Santerre.

5583 Visitation.—D'après Corneille.

5584 L'Annonciation. — D'après Jalabert.

5585 Sainte Catherine. — D'après Mucke.

5586 Chûte des anges rebelles. — D'après Spinelli Aretino.

5587 Saint Pierre et saint Paul ressuscitant un enfant. — D'après Massacio.

5588 Martyr de saint Pierre.—D'après Massacio.

5589 Jugement de saint Pierre. — D'après Massacio.

5590 Marie descend les degrés du temple et le mariage de la Vierge. — D'après Taddeo-Gaddi.

5591 Rencontre de sainte Anne et Nativité de la Vierge. — D'après Taddeo-Gaddi.

5592 L'étoile et l'adoration des bergers, l'étoile et l'adoration des Mages. — D'après Taddeo-Gaddi.

5593 Apparition de l'ange a saint Joachim. — D'après Taddeo-Gaddi.

5594 Saint Pierre guérit sa fille. — D'après Masolino.

5595 Apostolat de saint Pierre et de saint André. — D'après Masolino.

5596 Le dernier souper de Notre-Seigneur.— D'après Giotto.

5597 Le Miracle du saint-sacrement. — D'après Rosselli.

5598 La Vierge et l'enfant Jésus. — D'après Piolla.

5599 Départ de Rébecca. — D'après Schopin.

5600 Arrivée de Rebecca. — D'après Schopin.

5601 Ruth et Booz. — D'après Schopin.

5602 Jacob chez Laban. — D'après Schopin.

5603 Madone.—D'après Holbein.

5604 Sainte Cécile. — Carlo Dolce.

5605 Fille d'Hérodiase tenant la tête de saint Jean-Baptiste. — Carlo Dolce.

5606 Jésus-Christ. — Carlo Dolce.

5607 La Viergè. — Sasso-Ferrato.

5608 La Vierge et Jésus dormant. — Sasso-Ferrato.

5609 Ecce Homo. — Guido-Reni.

5610 Marie, Jésus, saint Jean et sainte Catherine.—Palma-Vecchio.

5611 Sainte Catherine, Marie, Jésus, saint Jean et saint Joseph. — Palma-Vecchio.

5612 Les filles de Palma-Vecchio. — Palma-Vecchio.

5613 Saint Jean, Germinien, Pierre et George. — Corrége.

5614 Saint Sébastien. — Corrége.

5615 Saint François. — Corrége.

5616 Sainte Magdeleine. — Corrége.

5617 Nativité. — Corrége.

5618 Moïse sauvé. — Paul Véronèse.

5619 La Présentation au temple. — Paul Véronèse.

5620 Le Christ sur la croix. — Paul Véronèse.

5621 Marie et Jésus. — Caracci.

5622 L'évangéliste saint Mathieu. — Caracci.

5623 L'ensevélissement. — Salviati.

5624 Marie et Jésus enfant.—Diétrich.

5625 Marie, Jésus et saint Jean. — Il. Francia.

5626 Le Baptême du christ.—Il. Francia.

5627 Nativité. — Maratti.

5628 Le Christ de la Monace. — Titien.

5629 Adoration de la sainte famille.— Titien.

5630 La Vierge et Jésus recevant une offrande. — Titien.

5631 Saint Michel. — Fattore.

5632 Saint George. — Fattore.

5633 La Vocation du douanier a la dignité d'apôtre. — Pordenone.

5634 Les pères de l'église. — Dosso-Dossi.

5635 Marie en prière devant Jésus. — Garofalo.

5636 Saints Pierre, Bruno et Georges. — D'après Garafdo.

5637 L'Enfant Jésus dormant.— D'après Pozzo.

5638 Saints Germinien, Pierre, Paul et Antoine. — D'après Bagnacavollo.

5639 Vierge au bassin. — D'après Romano.

5640 La Vierge et Jésus. — D'après Bordone.

5641 Abraham répudie Agar. — D'après Werff.

5642 Sainte Magdeleine. — D'après Werff.

5643 Le Christ et Pilate. — D'après Vecelli.

5644 Marie et Jésus.—D'après Murillo.

5645 Le Songe de Jacob. — D'après Bol.

5646 Joseph présente son père à Pharaon. — D'après Bol.

5647 Fuite en Egypte. — D'après Bol.

5648 Marie et Jésus.— D'après l'école espagnole.

5649 Jésus-Christ.— D'après Bellini.

5650 Agar et Ismaël. — D'après Baroccio.

5651 La Recommandation au Temple. — D'après Lanzani.

5652 Marie et Jésus entourés d'anges. — D'après Rubens.

5653 Sainte Magdeleine. — D'après Franceschini.

5654 Sainte Magdeleine. — D'après Gessi.

5655 Sainte Magdeleine. — D'après Battoni.

5656 La Marchande de Fruits. — D'après Murillo.

5657 Les Frères. — D'après Vogel.

5658 Le Jardin d'Amour. — D'après Rubens.

5659 Satyre et Nymphes. — D'après Rubens.

5660 Chasse au Lion. — D'après Rubens.

5661 Chasse au Sanglier. — D'après Rubens.

5662 Les Fils de Rubens. — D'après Rubens.

5663 Les Joueurs. — D'après Michel-Ange.

5664 Soldats romains. — D'après Michel-Ange.

5665 Sanglier attaqué par des chiens. — D'après Jacobsen.

5666 Chasse au sanglier. — D'après Snyders.

5667 Les Enfants de Charles Ier. — D'après Van-Dyck.

5668 Un groupe de Bœufs. — D'après P. Potter.

5669 Un Troupeau. — D'après Roos.

5670 Le Soir. — D'après Kuyp.

5671 Paysage. — D'après Berghem.

5672 Van Ostade dans son atelier. — D'après Van Ostade.

5673 Un hiver en Hollande.— D'après Van Ostade.

5674 Scène d'hiver en Hollande. — D'après Velde.

5675 Le Cloître. — D'après Wouwermann.

5676 Le Camp. — D'après Wouwermann.

5677 Scène de chasse.— D'après Wouwermann.

5678 Un Couvent. — D'après Ruysdaël.

5679 Cimetière juif. — D'après Ruysdaël.

5680 Loth et ses Filles. — D'après Guercino.

5681 La reine Tomires apprenant la perte d'une bataille. — D'après Guercino.

5682 La Faiseuse de dentelles. — D'après Slingeland.

5683 La Couseuse. — D'après Netscher.

5684 Netscher dans sa chambre. — D'après Netscher.

5685 La Malade et le Médecin. — D'après Netscher.

5686 La Fileuse. — D'après Netscher.

5687 La Chanteuse.—D'après Netscher

5688 Rembrandt et sa Femme. — D'après Rembrandt.

5689 La Fille de Rembrandt. — D'après Rembrandt.

5690 La Fête d'Assuérus. — D'après Rembrandt.

5691 Le Maître d'écriture. — D'après Gérard Dow.

5692 G. Dow jouant du violon. — D'après G. Dow.

5693 L'Ermite. — D'après G. Dow.

5694 Le Dentiste. — Idem.

5695 Le Drouineur. — D'après Mieris.

5696 Le Savant. — Idem.

5697 La Diseuse de bonne aventure. — D'après Mieris.

5698 Mieris recevant une visite. — D'après Mieris.

5699 Mieris dans son atelier. — D'après Mieris.

5700 Le Buveur. — D'après Mieris.

5701 Cabaret flamand. — D'après Téniers.

5702 Fille examinant des œufs.— D'après Schalken.

5703 La Marchande de poissons. — D'après Sorgh.

5704 La Marchande de volailles. — D'après Metzu.

5705 La Marchande de gibier. — D'après Metzu.

5706 Metzu et sa femme. — D'après Metzu.

5708 Le Refus. — D'après Verkolje.

5709 Fille lisant. — D'après Hooghe.

5710 L'acte judiciaire. — D'après Paudetz.

5711 Le Trompette. — D'après Terburg.

5712 La Joueuse de Luth. — D'après Terburg.

5713 Marie de Médicis. — D'après Fasolo.

5714 La belle Chocolatière.— D'après Liotard.

5715 Vénus. — D'après le Titien.

5716 Vénus au miroir. — D'après le Titien.

5717 Jeune fille. — D'après le Titien.

5718 Judith. — D'après Padovanino.

5719 Vénus. — D'après Guido-Reni.

5720 Danaé. — D'après Van Dyck.

5721 Chaste Suzanne.—D'après P. Véronèse.

5722 Vénus.—D'après Palma-Vecchio.

5723 Joseph et Putiphar.— D'après Cignani.

GRAVURES DU NOUVEAU TESTAMENT

(Année 1621)

5724 Notre-Seigneur Jésus-Christ. — D'après Messager.
5725 Le Prophète royal David. — D'après Messager.
5726 Le Sage roi Salomon. — D'après Messager.
5727 Le Prophète Isaïe. — D'après Messager.
5728 Le Prophète Jérémie. — D'après Messager.
5729 Le Prophète Baruch. — D'après Messager.
5730 Le Prophète Ezéchiel. — D'après Messager.
5731 Le Prophète Osée. — D'après Messager.
5732 Le Prophète Joël. — D'après Messager.
5733 Le Prophète Amos. — D'après Messager.
5734 Le Prophète Abdias. — D'après Messager.
6735 Le Prophète Jonas. — D'après Messager.
5736 Le Prophète Mecheas. — D'après Messager.
5737 Le Prophète Nahau. — D'après Messager.
5738 Le Prophète Habacuc. — D'après Messager.
5739 Le Prophète Sophonie. — D'après Messager.
5740 Le Prophète Aggée. — D'après Messager.
5741 Le Prophète Zacharie. — D'après Messager.
5742 Le Prophète Malachie. — D'après Messager.
5743 L'Apôtre saint Paul. — D'après Messager.
5744 L'Apôtre saint Jacques le Mineur. — D'après Messager.
5745 L'Apôtre saint Pierre. — D'après Messager.
5746 L'Apôtre saint Jean. — D'après Messager.
5747 L'Apôtre saint Jude. — D'après Messager.

VUES DE SYRIE ET DES LIEUX SAINTS

5748 Chemin d'Antonin. — D'après Cassas.
5749 Ruines d'Alexandrie. — D'après Cassas.

6750 Forêt du Mont-Liban. — D'après Cassas.

5851 Obélisque de Cléopâtre à Alexandrie. — D'après Cassas.

5852 Cana en Galilée. — D'après Cassas.

5853 Porte du soleil à Palmyre.—D'après Cassas.

5854 Porte des Victoires au Caire. — D'après Cassas.

5855 Ruine du monastère de Cazzafani. — D'après Cassas.

5856 Monuments de Palmyre. — D'après Cassas.

5857 Rocher des cent et une maisons. — D'après Cassas.

5858 Monastère de Saint-Antoine. — D'après Cassas.

5859 Porte de Rosette à Alexandrie.— D'après Cassas.

5860 Vue de Baruth. — D'après Cassas.

5861 Mosquée de Famagouste. — D'après Cassas.

5862 Antioche. — D'après Cassas.

5863 Tombeau d'Absalon. — D'après Cassas.

5864 Grotte près la pyramide de Chephren. — D'après Cassas.

5865 Bas-reliefs de Baruth. — D'après Cassis.

5866 Porte de fer à Antioche. — D'après Cassas.

5867 Cérine, ville de l'île de Cypre.— D'après Cassas.

5868 Gardes à Alexandrette.—D'après Cassas.

5869 Hassan-Pacha.—D'après Cassas.

5870 Hommes d'armes au Caire. — D'après Cassas.

5871 Santon de la grotte de Chephren en 1785.—D'après Cassas.

5872 Réception chez les Arabes à Palmyre.—D'après Cassas.

5873 Grand seigneur se rendant à la mosquée. —D'après Cassas.

PALAIS PITTI

5874 Charles Ier d'Angleterre et Henriette de France. — D'après Van Dyck.

5875 Repos en Egypte.— D'après Van Dyck.

5876 Tête de Vierge.-D'après Van Dyck.

5877 La danse des muses. — D'après Jules Romain.

5878 Le cardinal de Médicis enfant. — Titi-Tibère.

En vente à la Centralisation de photographies, Ch. Ségoffin, à Paris.

5879 Retable d'autel.—Fra-Angelico.

5880 Adoration des mages (retable). — D'après Ghirlandajo.

5881 La bonne aventure. — D'après Manfredi.

5882 L'ange refusant les dons de Tobie.—D'après Bilivert.

5883 La Monaca.—D'après Léonard de Vinci.

5884 Mariage mystique de sainte Catherine. — Le Corrège.

5885 Tête d'ange. — D'après le Corrège.

5886 Un ange offrant à Jésus les attributs de la Passion. — D'après Albertinelli.

5887 Judith.—D'après Ch. Allori.

5888 Charles-Quint. — D'après le Titien.

5889 La belle du Titien. — D'après le Titien.

5890 Le départ pour la Passion. — D'après Paul Véronèse.

5891 Les trois Marie au tombeau de Jésus. — D'après Paul Véronèse.

5892 Cristiarno, prince de Danemarck. — D'après Sustermans.

5893 La Bambina des Médicis. — D'après Sustermans.

5894 Ferdinand de Médicis. — D'après Sustermans.

5895 Eléonore de Mantoue. — D'après Porbus.

5896 Salvator Rosa.—D'après Salvator Rosa.

5897 Vision d'Ezéchiel. —D'après Raphaël.

5898 Jules II, pape. — D'après Raphaël.

5899 Les trois parques. — D'après Michel-Ange.

5900 Le sommeil de saint Jean. — D'après Carlin-Dolce.

5901 Sainte Rose. — D'après Carlin-Dolce.

5902 La bohémienne.— D'après Garofalo.

5903 Béatrix d'Este.—D'après P. della Francesca.

5904 La belle Simonette (maîtresse de Jules de Médicis). — D'après Botticelli.

5905 Saint Pierre délivré de la prison. — D'après Albano.

5906 Rembrandt. — D'après Rembrandt.

5907 André del Sarte.—D'après André del Sarte.

5908 Sainte Vierge et l'enfant Jésus. — D'après Jean da S. Giovanni.

5909 La Vierge à la chaise.—D'après Raphaël.

5910 La Vierge du grand duc. — D'après Raphaël.

5911 Une tête de vieillard. — D'après Rembrandt.

SUJETS DIVERS

5912 Prise de la Bastille. — D'après Raffet.

5913 Le bonnet rouge. — D'après Raffet.

5914 Massacre des prisons. — D'après Raffet.

5915 Adieux de Louis XVI à sa famille. — D'après Raffet.

5916 Triomphe de Marat. — D'après Raffet.

5917 Mort de Bonchamps. — D'après Raffet.

5918 Marie-Antoinette devant le tribunal révolutionnaire.--D'après Raffet.

5919 La dernière charrette. — D'après Raffet.

5920 Boissy d'Anglas. — D'après Raffet.

5921 Le 13 vendémiaire. — D'après Raffet.

5922 Veille de la bataille de Rivoli. — D'après Raffet.

5923 Bonaparte au 18 brumaire. — D'après Raffet.

5924 Bataille d'Héliopolis. — D'après Raffet.

5925 La garde consulaire à Marengo. — D'après Raffet.

5926 Bataille de Hohenlinden.—D'après Raffet.

5927 Bonaparte nommé consul à vie, reçoit les félicitations du sénat. — D'après Raffet.

5928 Capitulation d'Ulm. — D'après Raffet.

5929 Lutzen. — D'après Raffet.

5930 Le roi Jean à Poitiers.—D'après Raffet.

5931 Episode de la Sainte-Barthélemy. — D'après Raffet.

5932 François Ier armé chevalier par Bayard. — D'après Raffet.

5933 Mariage de Charles de Blois avec Jeanne de Penthièvre. — D'après Raffet.

5934 Mignon et son père. — D'après Ary Scheffer.

5935 Faust et Marguerite (la séduction). — D'après Ary Scheffer.

5936 Dante et Béatrice.—D'après Ary Scheffer.

5937 Hébé. — D'après Ary Scheffer.

5938 Marguerite au rouet. — D'après Ary Scheffer.

5939 Faust dans son cabinet.—D'après Ary Scheffer.

5940 Faust et Marguerite (le sabbat). — D'après Ary Scheffer.

5941 Médora.—D'après Ary Scheffer.

5942 Les femmes souliotes. — D'après Ary Scheffer.

5943 Lénore. — D'après Ary Scheffer.

5944 Le Vendredi saint. — D'après P. Delaroche.

5945 Le petit mendiant. — D'après P. Delaroche.

5946 Les joies d'une mère. — D'après P. Delaroche.

5947 Pic de la Mirandole. — D'après P. Delaroche.

5948 Béatrice Cenci, marchant au supplice. — D'après P. Delaroche.

5949 Dernières prières des enfants d'Édouard. — D'après P. Delaroche.

5950 Napoléon à Fontainebleau. — D'après P. Delaroche.

5951 Général Bonaparte franchissant les Alpes. — D'après P. Delaroche.

5952 Mort du duc de Guise.—D'après P. Delaroche.

5953 Les Girondins. — D'après P. Delaroche.

5954 L'exaltation de Pie IX.—D'après Horace Vernet.

5955 Adieux de Fontainebleau. — D'après Horace Vernet.

5956 Le Giaour vainqueur d'Hassan. — D'après Horace Vernet.

5957 La Retraite. — D'après Horace Vernet.

5958 Judith venant d'immoler Holopherne.—D'après Horace Vernet.

5959 Le Pont d'Arcole. — D'après Horace Vernet.

5960 Général Bonaparte à Bassano. — D'après Horace Vernet.

5961 La Messe en Kabylie. — D'après Horace Vernet.

5962 Algérienne à la chasse. —D'après Horace Vernet.

5963 Chatelaine partant pour la chasse. — D'après Horace Vernet.

5964 Rebecca à la fontaine. —D'après Horace Vernet.

5965 Chasse aux moufflons. —D'après Horace Vernet.

5966 Marchand d'esclaves. — D'après Horace Vernet.

5967 Joseph vendu par ses frères. — D'après Horace Vernet.

5968 Judith et Holopherne. — D'après Horace Vernet.

5969 Chasse aux lions. — D'après Horace Vernet.

5970 Chasse aux sangliers. — D'après Horace Vernet.

5971 Le zouave trappiste. — D'après Horace Vernet.

5972 Le zouave à l'assaut. — D'après Horace Vernet.

5973 Daniel dans la fosse aux lions. — D'après Horace Vernet.

5974 Les enfants de Paris devant Witepsk. — D'après Horace Vernet.

5975 La dernière revue. — D'après Horace Vernet.

5976 Arabes dans leur camp.—D'après Horace Vernet.

5977 Première campagne de Constantine.—D'après Horace Vernet.

5978 La barrière de Clichy. — D'après Horace Vernet.

5979 Poste au désert.—D'après Horace Vernet.

5980 L'arabe en prière. — D'après Horace Vernet.

5981 Episode de la fontaine de Fontenoy. — D'après Horace Vernet.

5982 Combat de dragons et de brigands. —D'après Horace Vernet

5983 Confession d'un brigaud italalien. — D'après Horace Vernet.

5984 Amours rêvées. — D'après Horace Vernet.

5985 Riche et pauvre. —D'après A. de Dreux.

5986 Chien et chat. — D'après A. de Dreux.

5987 Ali. — D'après A. de Dreux.

5988 Nizam. — D'après A. de Dreux.

5989 Les débuts d'un jockey.—D'après A. de Dreux.

5990 Falstaff. — D'après A. de Dreux.

5991 Descente du ravin. —D'après A. de Dreux.

5992 Promenade aux ruines.— D'après A. de Dreux.

5993 Départ pour le carrousel. — D'après A. de Dreux.

5994 Le donjon. — D'après A. de Dreux.

5995 La fuite.—D'après A. de Dreux.

5996 La course. — D'après A. de Dreux.

5997 Le cheval refusant de sauter. — D'après A. de Dreux.

5998 Au fond des bois.— D'après Gustave Doré.

5999 Andromède. — D'après Gustave Doré.

6000 C'est une grave affaire.—D'après Gustave Doré.

6001 Béatitude (bienheureux ceux qui ont le cœur pur). — D'après Landelle.

6002 Béatitude (bienheureux ceux qui pleurent). — D'après Landelle.

6003 Le baiser maternel. — D'après Tourmouche.

6004 J'le vois venir. — D'après Girardet.

6005 Les petits tyrans. — D'après Girardet.

6006 Frère et sœur.—D'après Winterhalter.

6007 Fénéla.—D'après Winterhalter.

6008 Béatrix. — D'après Winterhalter.

6009 Rose naissante. — D'après Winterhalter.

6010 Henry IV et Gabrielle.—D'après Fragonard.

6011 Le baiser.—D'après Fragonard.

6012 Le verrou.— D'après Fragonard.

6013 Naissance du duc de Bordeaux. — D'après Fragonard.

6014 La mort du duc de Berry. — D'après Fragonard.

6015 La marquise. — D'après Fragonard.

6016 François Ier et Marguerite. — D'après Fragonard.

6017 Dites donc, s'il vous plait. — D'après Fragonard.

6018 La bonne mère. — D'après Fragonard.

6019 Les serments d'amour. — D'aèprs Fragonard.

6020 La chemise enlevée. — D'après Fragonard.

6021 La fontaine d'amour. — D'après Fragonard.

6022 La toilette.—D'après Fragonard.

6023 L'accordée de village. — D'après Greuze.

6024 Le paralytique.—D'après Greuze.

6025 Le gâteau des rois. — D'après Greuze.

6026 La dame de bienfaisance. — D'après Greuze.

6027 La cruche cassée. — D'après Greuze.

6028 Le retour de nourrice. — D'après Greuze.

6029 L'enfant gâté. —D'après Greuze.

6030 L'innocence.—D'après Greuze.

6031 Simplicité.— D'après Greuze.

6032 Les serments du berger.—D'après Boucher.

6033 Les présents du berger. — D'après Boucher.

6034 Les lavandières. — D'après Boucher.

6035 Environs de Beauvais. —D'après Boucher.

6036 Pensent-ils a ce mouton.—D'après Boucher.

6037 Les sabots.—D'après Boucher.

6038 Le goûter. — D'après Boucher.

6039 L'obéissance récompensée.—D'après Boucher.

6040 La toilette de Vénus. — D'après Boucher.

6041 Les nymphes au bain. — D'après Boucher.

6042 Portrait de Boucher. — D'après Boucher.

6043 Rachel.— D'après Dubuffe.

6044 Bethsabée. — D'après Dubuffe.

6045 Mon Dieu je vous donne mon cœur.—D'après Dubuffe.

6046 Baigneuse. — D'après Jourdan.

6047 Le Repos.— D'après Guérard.

6048 Le Pacha. — D'après Guérard.

6049 Le Hatchnich.—D'après Guérard.

6050 La Danse. — D'après Guérard.

6051 Le Narghilé.—D'après Guérard.

6052 Le Chibouk. — D'après Guérard.

6053 La Sultane. — D'après Guérard.

6054 L'Almée. — D'après Guérard.

6055 Sauve qui peut. — D'après Guérard.

6056 La Partie de bain. — D'après Guérard.

6057 Ma foi tant pis.— D'après Compte Calix.

6058 Ma foi tant mieux. — D'après Compte Calix.

6059 Le dessous du chandelier.—D'après Compte Calix.

6060 Si j'étais petit papier. — D'après Compte Calix.

6061 La portière du couvent.—D'après Compte Calix.

6062 La Pendule. — D'après Compte Calix.

6063 La Mare aux biches. — D'après Compte Calix.

6064 Les Biches aux bois. — D'après Compte Calix.

6065 Le Banderilleros.—D'après Blanchard.

6066 Le Picador.—D'après Blanchard.

6067 L'Etoile du matin.—D'après Gobert.

6068 L'Etoile du soir.—D'après Gobert.

6069 Gérard à la chasse. — D'après Grenier.

6070 Tout beau. — D'après Grenier.

6071 Le chien malade.—D'après Grenier.

6072 Descente du ravin. — D'après Grenier.

6073 L'aura-t-il ? — D'après Grenier.

6074 Première leçon d'équitation. — D'après Grenier.

6075 Le petit lambin. — D'après Grenier.

6076 A c'soir.—D'après Grenier.

6077 Cousin et cousine.—D'après Grenier.

6078 L'école d'Athènes.—D'après Raphaël.

6079 Le triomphe de Galathée.—D'après Raphaël.

6080 Centaure et Dejanire. — D'après Rubens.

6081 Le Temps découvre la vérité. — D'après Rubens.

6082 Départ d'Henri IV pour la guerre. — D'après Rubens.

6083 Mariage de la reine. — D'après Rubens.

6084 Mariage de Médicis. — D'après Rubens.

6085 Allégorie. — D'après Rubens.

6086 L'Enlèvement des nymphes. — D'après Rubens.

6087 Débarquement de la reine. — D'après Rubens.

6088 Diane à sa toilette. — D'après Rubens.

6089 Naissance de Louis XIII. — D'après Rubens.

6090 La Paix confirmée dans le ciel. — D'après Rubens.

6091 La Reine au pont de Cé.—D'après Rubens.

6092 La charrette embourbée. — D'après Rubens.

6093 Déjeûner spirituel. — D'après Verheyden.

6094 Déjeûner temporel. — D'après Verheyden.

6095 Dieu vous bénisse.—D'après Verheyden.

6096 En usez-vous ? — D'après Verheyden.

6097 Mauvaise prise. — D'après Verheyden.

6098 La Liberté. — D'après Muller.

6099 Le Violon de Crémone.—D'après Muller.

6100 Petite joueuse.—D'après Muller.

6101 Ondine. — D'après Muller.

6102 Le Fumeur. — D'après Téniers.

6103 Le Flûteur. — D'après Téniers.

6104 Le Vieillard content. — D'après Téniers.

6105 Danse villageoise. — D'après Téniers.

6106 L'Alchimiste. — D'après Téniers.

6107 La Toilette de Vénus. — D'après Baudry.

6108 Léda. — D'après Baudry.

6109 La fortune et l'enfant. — D'après Baudry.

6110 L'Odalisque. — D'après Ingres.

6111 La Source. — D'après Ingres.

6112 L'Aurore. — D'après Chaplin.

6113 L'Ingénue. — D'après Chaplin.

6114 Le premier baiser. — D'après Chaplin.

6115 Les souliers de bal. — D'après Chaplin.

6116 L'Oiseau envolé. — D'après Chaplin.

6117 Le Réveil. — D'après Jalabert.

6118 Indigence. — D'après Jalabert.

6119 Opulence. — D'après Jalabert.

6120 Samedi soir. — D'après Landseer.

6121 Dimanche matin. — D'après Landseer.

6122 Dignité et impudence. — D'après Landseer.

6123 Combat de cerfs. — D'après Landseer.

6124 Cerf aux abois. — D'après Landseer.

6125 Mort au cerf. — D'après Landseer.

6126 Cheval et chiens dans une cour. — D'après Landseer.

6127 La Dîme. — D'après Landseer.

6128 Retour de la chasse au faucon. — D'après Landseer.

6129 Les Intimes. — D'après Landseer.

6130 Les Favoris. — D'après Landseer.

6131 Les amis d'enfance. — D'après Landseer.

6132 Retour de la Garenne. — D'après Landseer.

6133 Le premier saut. — D'après Landseer.

6134 L'écossais. — D'après Landseer.

6135 Beauté rustique. — D'après Landseer.

6136 Le Gardien. — D'après Landseer.

6137 Chien d'arrêt. — D'après Landseer.

6138 L'Attente. — D'après Landseer.

6139 L'Ami de l'homme. — D'après Landseer.

6140 L'Inondation (Chiens). — D'après Kiorboe.

6141 Baiser du matin. — D'après Kiorboe.

6142 Effroi (Cheval et Chiens). — D'après Kiorboe.

6143 Pur sang. — D'après Bonnemaisons.

6144 Force. — D'après Bonnemaisons.

6145 Chasse. — D'après Bonnemaisons.

6146 Attente et désir. — D'après Bonnemaisons.

6147 Cheval au box. — D'après Bonnemaisons.

6148 Cheval au vert. — D'après Bonnemaisons.

6149 Cheval en liberté. — D'après Bonnemaisons.

6150 Le Pansage. — D'après Bonnemaisons.

6151 Tilbury. — D'après Bonnemaisons.

6152 Poney-Chaise. — D'après Bonnemaisons.

6153 Chasse au faisan. — D'après Ansdell.

6154 Chasse au lapin. — D'après Ansdell.

6155 Chasse à la perdrix. — D'après Ansdell.

6156 Chasse au cerf. — D'après Ansdell.

6157 Chasse au coq de bruyère. — D'après Ansdell.

6158 Chasse au canard. — D'après Ansdell.

6159 La Fille du jardinier. — D'après Ansdell.

6160 Cheval et gibier. — D'après Ansdell.

6161 Chien et bécasse. — D'après Ansdell.

6162 Chien et faisan. — D'après Ansdell.

6163 Chien et coq de bruyère. — D'après Ansdell.

6164 Chien et perdrix. — D'après Ansdell.

6165 Chien et oiseau des bois. — D'après Ansdell.

6166 Chien et lapin. — D'après Ansdell.

6167 Chien et canard. — D'après Ansdell.

6168 Repos des chasseurs. — D'après Cooper.

6169 Poney de chasse au tigre. — D'après Herring.

6170 Cheval écossais. — D'après Herring.

6171 Cheval de chasse. — D'après Herring.

6172 Cheval de trait. — D'après Herring.

6173 Cheval de course. — D'après Herring.

6174 Cheval de cabriolet. — D'après

6175 Cheval de courrier. — D'après Herring.

6176 Cheval de baron. — D'après Herring.

6177 Cheval de cavalerie. — D'après Herring.

6178 Cheval de promenade. — D'après Herring.

6179 Cheval de dame. — D'après Herring.

6180 Cheval de fermier. — D'après Herring.

6181 Société d'amis. — D'après Herring.

6182 Chevaux de Pharaon. — D'après Herring.

6183 La Fille du fermier. — D'après Herring.

6184 Coulisses de l'Opéra. — D'après Gavarni.

6185 Recherche de l'inconnu (la Puce). — D'après Gavarni,

6186 Bout de l'oreille et bout de la queue. — D'après Verlat.

6187 Retour du maraudeur. — D'après Verlat.

6188 L'Ours et le Bûcheron. — D'après Verlat.

6189 L'Embuscade. — D'après Verlat.

6190 Le matin dans la prairie. — D'après Troyon.

6191 Le rêve d'une soubrette. — D'après Voillemot.

6192 Fermez-lui la porte au nez, il rentrera par la fenêtre. — D'après Picou.

6193 La Jeune mère. — D'après Dejonche.

6194 La Lecture interrompue. — D'après Dejonche.

6195 La Sœur hospitalière. — D'après Felon.

6196 La Charité. — D'après Felon.

6197 L'Ange gardien. — D'après Felon.

6198 Police de berger. — D'après Rosa Bonheur.

6199 Amazone en promenade. — D'après Janet-Lange.

6200 Comme on arrive au but. — D'après Janet-Lange.

6201 Le Messager. — D'après Janet-Lange.

6202 Promenade du matin. — D'après Janet-Lange.

6203 Costume de haute école. — D'après Janet-Lange.

6204 Baiser pris. — D'après Janet-Lange.

6205 Baiser rendu. — D'après Janet-Lange.

6206 Bacchus et Ariadne. — D'après Devéria.

6207 Psyché enlevé par Zéphir. — D'après Devéria.

6208 Triomphe de Galathée. — D'après Devéria.

6209 Enlèvement d'Europe. — D'après Devéria.

6210 Antiope séduite par Jupiter. — D'après Devéria.

6211 Flore et Zéphyr. — D'après Devéria.

6212 Bacchus et Érigone. — D'après Devéria.

6213 Junon allaitant Hercule. — D'après Devéria.

6214 Amours de Jupiter et de Danaé. — D'après Devéria.

6215 Désespoir de Psyché. — D'après Devéria.

6216 Anchise et Vénus. — D'après Devéria.

6217 Actéon et Diane. — D'après Devéria.

6218 Mars et Vénus. — D'après Devéria.

6219 Offrande à Psychè. — D'après Devéria.

6220 Psyché exposée. — D'après Devéria.

6221 Colère de Vénus et Psyché. — D'après Devéria.

6222 Daphnis et Chloé. — D'après Devéria.

6223 Amymone et Neptune. — D'après Devéria.

6224 Jupiter et Io. — D'après Devéria.

6225 La Vénus. — D'après Titien.

6226 Diane. — D'après Titien.

6227 Danaé. — D'après Titien.

6228 Vénus endormie. — D'après Titien.

6229 Vénus éveillée. — D'après Titien.

6230 L'Hiver. — D'après Wickenberg.

6231 Pêche en hiver. — D'après Wickenberg.

6232 Un moyen d'introduction. — D'après Numa.

6233 La pie au bois. — D'après Numa.

6234 L'appétit vient en mangeant. — D'après Numa.

6235 Sous l'Orme. — D'après Numa.

6236 Une Bourrasque. — D'après Numa.

6237 Une Fièvre brûlante. — D'apres Numa.

6238 Fins Gourmets. — D'après Hasinclevet.

6240 Profonds politiques. — D'après Hasinclevet.

6240 Le plus têtu des trois. — D'après Hornung.

6241 Plus heureux qu'un roi. — D'après Hornung.

6242 Premier ténor. — D'après Hornung.

6243 Oh! le bon vin. — D'après Lenglet.

6244 Oh! la bonne pipe. — D'après Lenglet.

6245 L'Amour qué qu'c'est qu'ça. — D'après Linder.

6246 L'Amour voilà ce que c'est. — D'après Linder.

6247 La Soupe. — D'après Pigale.

6248 La Besogne. — D'après Pigale.

6249 Trait d'amour conjugal. — D'après Pigale.

6250 Le lait des Vieillards. — D'après Pigale.

6251 Monsieur touche à tout. — D'après Pigale.

6252 Une petite place S. V. P. — D'après Pigale.

6253 Le Paradis. — D'après Pigale.

6254 L'Epine suit la rose. — D'après Pigale.

6255 La belle occasion. — D'après Pigale.

6256 On n'entre pas. — D'après Pigale.

6257 Faut-il bassiner votre lit. — D'après Ducrot.

6258 La douce contemplation. — D'après Ducrot.

6259 La bonne prise. — D'après Correard.

6260 Fruit défendu. — D'après Correard.

6261 Mariage du coq du village. — D'après Correard.

6262 La nuit des noces. — D'après Correard.

6263 Je crois que je suis dedans. — D'après Midy.

6264 Le propriétaire et son fermier. — D'après Brun.

6265 Il n'y a pas de roses sans épines. D'après Raifre.

6266 Tu n'auras pas ma rose.—D'après Raifre.

6267 Madm'selle encore un autre. — D'après Teichel.

6268 Cirque olympique. — D'après Teichel.

6269 Nous demandons les Russes et les Anglais. — D'après Teichel.

6270 Pas des songes. — D'après Belin.

6271 Anne de Boleyn exhortée — D'après Mlle Thomas.

6272 El Jao (Danse espagnole). — D'après Thomas.

6273 El Vito (Danse espagnole). — D'après Thomas.

6274 Départ (Permission de 10 heures). D'après Thomas.

6275 Retour (Permission de 10 heures). D'après Thomas.

6276 Orphelins du guide. — D'après Thomas.

6277 L'Inondation. — D'après Thomas.

6278 Passage en France. — D'après Thomas.

6279 Rappel des chèvres. — D'après Thomas.

6280 Odette. — D'après André.

6281 Rose de bengale. — D'après André.

6282 Rose d'amour. — D'après André.

6283 Rêve au bonheur. — D'après André.

6284 Mina. — D'après André.

6285 Brenda. — D'après André.

6286 Jeanne de France. — D'après André.

6287 Angela. — D'après Guet.

6288 Bianca. — D'après Guet.

6289 Julie Mannering. — D'après Guet.

6290 Rentrée des troupes. — D'après Guuet.

6291 Paul. — D'après Chiapory.

6292 Virginie. — D'après Chiapory.

6293 Appel au plaisir. — D'après André.

6294 Pensée d'amour.—D'après André.

6295 Clarisse Harlowe. — D'après André.

6296 Nouveau Seigneur. — D'après André.

6297 Marquis d'autrefois. — D'après André.

6298 Adieux de Lesurques. — D'après Hilaire.

6299 L'académie des sciences et des arts. — D'après Hilaire.

6300 Le jour des morts. — D'après Bouguerreau.

6301 Princesse Stéphanie de Bade. — D'après Lallemand.

6302 Napoléon (Lorgnette). — D'après Lallemand.

6303 Louis XVII au Temple. — D'après Wappers.

6304 La belle chocolatière. — D'après Liotard.

6305 Sapho. — D'après Barrias.

6306 Nyssia. — D'après Lefèvre.

6307 Pysché. — D'après Carraud.

6308 Erigone. — D'après Biennoury.

6309 Cléopâtre. — D'après Gigoux.

6310 Péché mignon. — D'après Vidal.

6311 L'oracle des champs. — D'après Vidal.

6312 Le nid aux secrets. — D'après Vidal.

6313 La Curieuse. — D'après Vidal.

6314 Suzanne au bain. — D'après Santerre.

6315 Vénus caressant l'amour. — D'après Battoni.

6316 Vénus et l'amour. — D'après Battoni.

6317 La Madeleine. — D'après Battoni.

7318 Hamlet. — D'après Lehmann.

6319 Ophélia. — D'après Lehmann.

6320 Il n'y a pas de feu sans fumée. D'après Lepoitevin.

6321 Le bain des dames. — D'après Morlon.

6322 Allons déjeûner. — D'après Morlon.

6323 Après le dîner. — D'après Morlon.

6324 Allons-y gaiement. — D'après Morlon.

6325 Dieu d'aujourd'hui. — D'après Delouche.

6326 Dieu d'autrefois. — D'après Delouche.

6327 Fille bien gardée. — D'après Delouche.

6328 Jugement de Paris. — D'après Roëhn.

6329 Le Curieux puni. — D'après de Villeneuve.

6330 Maman dort. — D'après Drummont.

6331 Mère et enfant. — D'après Sant.

6332 Explication de la Bible. — D'après Merle.

6333 Morale de la Bible. — D'après Merle.

6334 Fleur de lys. — D'après Schlesinger.

6335 L'Indiscret. — D'après Schlesinger.

6336 Le Sourire. — D'après Schlesinger.

6337 Le Plaisir. — D'après Schlesinger.

6338 Le Printemps. — D'après Gué.

6339 L'hiver. — D'après Gué.

6340 L'été. — D'après Gué.

6341 L'automne. — D'après Gué.

6342 Epreuve de la ressemblance. — D'après Hillemacher.

6343 Joie de la maison. — D'après Hillemacher.

6344 Pensée triste (Waterloo). — D'après Bellangé.

6345 Tourlourou piqué au vif. — D'après Bellangé.

6346 Coup-d'œil de l'aigle. — D'après Bellangé.

6347 En serons-nous, Sire? — D'après Bellangé.

6348 Passions rafraîchies. — D'après Cottin.

6349 Jeunesse du lion. — D'après Cottin.

6350 Le lion devenu vieux. — D'après Cottin.

6351 Scélérat de pompier. — D'après Bemindt.

6352 Le bon gendarme. — D'après Bemindt.

6353 Reine des champs. — D'après Charpentier.

6354 Justice de Charles-Quint. — D'après Gosse.

6355 Saint Vincent de Paul. — D'après Gosse.

6356 St François de Paul et Louis XI. — D'après Gosse.

6357 Amour de soi-même. — D'après Vidal.

6358 Eva. — D'après Vidal.

6359 Fille de l'air. — D'après Beaume.

6360 Fille d'Ève. — D'après Beaume.

6361 Passions ennemies. — D'après Beaume.

6362 Pouvoir absolu. — D'après Beaume

6363 Les bons camarades. — D'après Beaume.

6364 L'amie de l'enfance. — D'après Beaume.

6365 Amour maternel (sommeil). — D'après Beaume.

6366 Amour maternel (réveil). — D'après Beaume.

6367 Dame aux Camélias. — D'après Brochart.

6368 Rosita. — D'après Brochart.

6369 L'Eau. — D'après Brochart.

6370 L'Air. — D'après Brochart.

6371 La Terre. — D'après Brochart.

6372 Le Feu. — D'après Brochart.

6373 Le Printemps. — D'après Brochart.

6374 L'Été. — D'après Brochart.

6375 L'Automne. — D'après Brochart.

6376 L'Hiver. — D'après Brochart.

6377 Jeanne d'Arc. — D'après Brochart.

6378 Elle n'a jamais servi. — D'après Decoene.

6379 Un Vendredi. — D'après Decoene.

6380 Le Lion amoureux. — D'après Roqueplan.

6381 La Sultane. — D'après Bernard.

6382 L'Indiscrète. — D'après Felon.

6383 Pour petite mère. — D'après Ducollet.

6384 Evangeline. — D'après Faed.

6385 Corinne. — D'après Faed.

6386 Joie de mère. — D'après Faed.

6387 Souvenir. — D'après Chiapory.

6388 Amour. — D'après Chiapory.

6389 Pauvre famille. — D'après Antiga.

6390 La petite bohémienne. — D'après Antiga.

6391 Peines d'enfance. — D'après Toudouze.

6392 Jeunes imprudentes. — D'après Toudouze.

6393 Parlez au portier. — D'après Rousseau.

6394 Le jour de Barbe. — D'après Cosmann.

6395 La Foi. — D'après Palmer.

6396 Fatmé (Persanne). — D'après Colin.

6397 Vasiliki (Albanaise). — D'après Colin.

6398 Instruction morale. — D'après Calisch.

6399 Instruction religieuse. — D'après Lazerges.

6400 Ariel. — D'après Bazin.

6401 Suzanne au bain.—D'après Bazin.

6402 Le Tasse et Éléonore. — D'après Lies.

6403 La Liseuse. — D'après Frère.

6404 Dévouement.—D'après Lecamus.

6405 La veille d'une bataille. — D'après Charlet.

6406 Minet. — D'après Francis.

6407 Fidèle. — D'après Francis.

6408 Psyché et l'Amour. — D'après Gérard.

6409 Sainte Thérèse. — D'après Gérard.

6410 Chaste Suzanne.—D'après Hayes.

6411 Antiope et Jupiter. — D'après le Corrége.

6412 Jupiter et Io. — D'après le Corrége.

6413 Le Bain de Léda. — D'après le Corrége.

6414 Jupiter et Antiope. — D'après le Corrége.

6415 Madeleine. — D'après le Corrége.

6416 Sortie du bain. — D'après Trinquesse.

6417 Atala et Chactas. — D'après Girodet.

6418 Vénus. — D'après Girodet.

6419 Les Moissonneurs. — D'après Léopold Robert.

6420 La Madone de l'Arc. — D'après Léopold Robert.

6421 Les Pêcheurs. — D'après Léopold Robert.

6422 L'Improvisateur. — D'après Léopold Robert.

6423 L'Hiver. — D'après Skelfoot.

6424 Le Coup de vent. — D'après Kock.

6425 Amours sur le Rhin, en Europe. — D'après Beerger.

6426 Amours sur le Nil, en Afrique. — D'après Beerger.

6427 Amours sur le Gange, en Asie. — D'après Beerger.

6428 Amours sur le Niagara, en Amérique. — D'après Beerger.

6429 Avec le courant. — D'après Jenkins.

6430 Contre le courant. — D'après Jenkins.

6431 L'Entrée à la chapelle.—D'après Absolon.

6432 Bacha faisant peindre sa maîtresse. — D'après Vanloo.

6433 L'élève dessinateur. — D'après Vanloo.

6434 Le Coucher. — D'après Vanloo.

5435 La Leçon espagnole. — D'après Vanloo.

6436 Triomphe de Silène. — D'après Vanloo.

6437 La Conversation espagnole. — D'après Vanloo.

6438 La Peinture. — D'après Vanloo.

6439 La Baigneuse. — D'après Vanloo.

6440 Jupiter et Léda.—D'aprèsPoussin.

6441 Les Bergers d'Arcadie. — D'après Poussin.

6442 Voyage de Faunes et Satyres. — D'après Poussin.

6443 Le Temps, les Saisons, les Heures. — D'après Poussin.

6444 Vénus et Adonis. — D'après Albane.

6445 Galathée. — D'après Albane.

6446 Pàris et OEnone. — D'après Wanderweff.

6447 L'Enlèvement de Déjanire. — D'après le Guide.

6448 Vénus parée par les Grâces. — D'après le Guide.

6449 Vénus liant les ailes de l'Amour. — D'après Lebrun.

6450 L'Entrevue. — D'après Broock.

6451 Le Départ. — D'après Broock.

6452 Le Donneur d'avis. — D'après Ersen.

6453 Le Mouton favori. — D'après Ersen.

6454 Le Marché d'Amsterdam. — D'après Metzu.

6455 Les Offres réciproques. — D'après Diétricy.

6456 Les Musiciens ambulants. — D'après Diétricy.

6457 Le Bonsoir. — D'après Fluggen.

6458 La Confidence. — D'après Wick.

6459 La Lecture d'Anacréon. — D'après Kaulback.

6460 L'Innocence.—D'après Mérimée,

6461 Le Souper espagnol. — D'après Palamède.

6462 La Nymphe. — D'après Lancrenon.

6463 Le Fleuve Scamandre.—D'après Lancrenon.

6464 Héro et Léandre. — D'après Delorme.

5465 L'Education d'Achille. — D'après Regnault.

6466 Le Ménage hollandais. — D'après Gérard Dow.

6467 Portrait de Gérard Dow. — D'après lui-même.

6468 Le vieux Silène. — D'après Nicolo Passino.

6469 L'Attente. — D'après Frank Signol.

6470 Apollon et les Muses. — D'après Raphael Mengs.

6471 Portrait de Raphael Mengs. — D'apeès lui-même.

6372 Télémaque dans l'île de Calypso. — D'après Raoux.

6473 Bacchus et Ariane. — D'après Bertin.

5474 Gaîté de Silène. — D'après Bertin.

5475 Le Dîner des paysans. — D'après James Ward.

6476 Le Boucher. — D'après James Ward.

6477 La continence de Scipion. — D'après Lemoyne.

6478 Mort de Raphael. — D'après Bergeret.

6479 Le siége de Calais. — D'après Barthélemy.

6480 Concert de famille. — D'après Schalken.

6481 Le Poète Anacréon. — D'après Beaudoin.

6482 Le coucher de la mariée. — D'après Beaudoin.

6483 Le Lever de la mariée.— D'après Beaudoin.

6484 Garde à vous. — D'après Kauffman.

6485 Léda. — D'après Pierre.

6486 La petite Loge.—D'après Moreau.

6487 Les Adieux. — D'après Moreau.

6488 Le Thé. — D'après Moreau.

6489 La jenne Mère.|— D'après Jourat.

6490 L'essai du Corset. — D'après Will.

6491 Le Poème épique. — D'après Will.

6492 Le Colin Maillard. — D'après Wilkie.

6493 La Politique au village. — D'après Wilckie.

6494 L'Innocence préfère l'amour à la richesse. — D'après Mager.

6495 Il n'est plus temps. — D'après Bouillon.

6496 Le Sommeil des Nymphes. — D'après Foucher.

6497 Baptême de Clovis. — D'après Devivo.

6498 Clotaire Ier tue ses neveux. — D'après Devivo.

6499 Bathilde présentée à Clovis II. — D'après Devivo.

6500 Charles Martel bat les Sarrazins. — D'après Devivo.

6501 Pepin le Bref et le pape Etienne III. — D'après Devivo.

6502 Captivité de Didier, roi des Lombards. — D'après Devivo.

6503 Couronnement de Charlemagne. D'après Devivo.

6504 Charlemagne reçoit les présents d'Aroug-al-Reschid. — D'après Devivo.

6505 Triomphe de Galathée. — D'après Coypel.

6506 L'hymen de Bacchus et d'Ariane. — D'après Coypel.

6507 Le Pardon refusé. — D'après Rubio.

6508 La Leçon de flûte. — D'après Albrier.

6509 La Nymphe Ephra. — D'après Herbin.

6510 Les Religieux rançonnés. — D'après Robert Fleury.

6511 Diane et Endymion. — D'après Langlois.

6512 La mère de l'Amour. — D'après Parmigianino.

6513 Phrosine et Mélidor. — D'après Rioult.

6514 Joseph Napoléon. — D'après Pradier.

6515 Napoléon Ier. — D'après David.

6516 Bonaparte, 1er consul. — D'après David.

6517 Molière. — D'après Bourdon.

6518 Mignard. — D'après Rigaud.

6519 Samuel Bernard. - D'après Rigaud.

6520 Lebrun. — D'après Largilière.

6521 Vandermelez. — D'après Largilière.

6522 Philippe de Champaigne. — Par lui-même.

6523 Bonaparte. — D'après Gros.

6524 Gallilée. — D'après Passignani.

6525 Paul Rubens. — D'après Van Dyck.

6526 Charles Ier d'Angleterre. — D'après Van Dyck.

6527 Henriette de France. — D'après Van Dyck.

6528 Charles Ier au manteau royal. — D'après Van Dyck.

6529 Vénus racontant à Adonis, etc. D'après Benjamin West.

6530 L'amour séduit l'innocence. — D'après Proudhon.

6531 Les Pifférari. — D'après Nature.

6532 Les Nymphes au bain. — D'après Lothier.

6533 La Source. — D'après Bouvier.

6534 Le Printemps.—D'après Bouvier.

6535 Fleur de Bruyère. — D'après Bouvier.

6536 L'Églantier. — D'après Bouvier.

6537 La femme du peintre. — D'après Lancret.

6538 Le gascon puni. — D'après Lancret.

6539 L'esclave heureux. — D'après Hilaire.

6540 Le Jaloux endormi. — D'après Moitte.

6541 La correction conjugale. — D'après Gerardon.

6542 La Pythonesse d'Andore. — D'après Salvator Rosa.

6543 Médée. — D'après Eugène Delacroix.

6544 La jeune Mère.—D'après Thayer.

6545 Le Lever. — D'après Thayer.

6546 Sérénade à Venise. — D'après A. de Curzon.

6547 Retraite de Russie. — D'après A. Yvon.

6548 Peintre de Lanternes. —D'après Th. Delamarre.

6549 L'Occidentaliste. — D'après Th. Delamarre.

6550 Le Marchand de thé. — D'après Th. Delamarre.

6551 L'Innocence. — D'après Th. Delamarre.

6552 Neptune et Amphitrite. — D'après Jules Romain.

—

NOCE VILLAGEOISE.

6553 L'Accordée de village. —D'après Watteau.

6554 La Signature du contrat.—D'après Watteau.

6555 La Mariée de village. — D'après Watteau.

6556 Les Plaisirs du bal. — D'après Watteau.

6557 L'Embarquement pour Cythère. — D'après Watteau.

—

6558 Le chemin creux. — D'après H. Pron.

6559 Le bucheron. — D'après Boissier.

6560 Une famille hollandaise.—D'après Boissier.

6561 Les trois domestiques. — D'après Delacroix.

6562 Ennée emportant ses dieux. — D'après le Dominiquin.

6563 Le toast des pêcheurs.—D'après Nicolini.

6564 Le joueur de cornemuse. — D'après Van Ostade.

6565 La partie de tric-trac. —D'après Van Ostade.

6566 Les viveurs. — D'après Van Ostade.

6567 Oh! si je le tenais. — D'après Barbou.

6568 Etude de vache. — D'après Van den Velde.

6569 Le boxeur.—D'après Pietra della Tacca.

6570 La Pêcheuse de moules ; la Paysanne (pendants). — D'après Pons de l'Hérault.

6572 Nourrice génoise.—D'après Pons de l'Hérault.

6573 Sainte-Marie-Nouvelle (église de Florence). — D'après Pons de l'Hérault.

9574 Le triomphe de Cupidon. — D'après Guillemet.

6575 Le pont des Sphinx. — D'après Robert.

6576 La laiterie flamande. — D'après Pillement.

6577 L'éducation d'Achille. — D'après Regnault.

MUSÉE DU LOUVRE

—

COLLECTION DES STATUES

6578 Les trois grâces (Versailles).

6579 Jeanne-d'Arc (Versailles).

6580 Milon de Crotone.

6581 Lacôon.

6582 Les deux lutteurs.

6583 Amalthée.

6584 Toilette d'Atalante.

6585 Persée délivrant Andromède.

6586 Nymphe Salmacis.

6587 Diane au bain.

6588 Diane chasseresse.

6589 Vénus de Milo.

5590 Prométhée.

6591 L'amour et Pyschée.

6592 Neptune.

6593 Marie Letzincka.

En vente à la Centralisation de photographies, Ch. Ségoffin, à Paris.

6594 Alexandre et Diogène. — Bas-
relief.

6595 Jugement de Suzanne. — Bas-
relief.

6596 Apollon. — Bas-relief.

6597 La peinture et la sculpture. —
Bas-relief.

Dans le même format :

6598 Vues de Milan, Venise, Turin,
Gènes, Lucerne, Bâle, Genève,
Syrie, Jérusalem, Egypte.

Pour Paris :

6599 Tous ses monuments, boulevards,
quais, places, squares, jardins,
promenades, ponts, perspec-
tives, bois de Boulogne, Vin-
cennes, Monceaux, etc, églises.

Pour la France :

6600 Les principales églises et vues.

6601 La Galerie Comique, par Dantan
jeune. — Se composant de 200
charges contemporaines, his-
toriques et divers.

6602 La Galerie Sérieuse, par Dantan
jeune. — Se composant de 200
portraits, contemporains, his-
toriques et divers.

6603 Reproduction des statues de Pradier, Cumberworth, Mélingue,
Jacquart, Duret, Debay, Bi-
chot, etc.

SUISSE

—

LE VALAIS ET LE MONT ROSE

Première série.

6604 Lauzanne.

6605 Château-Chillon.

6606 Le grand Saint-Bernard.

6607 Sion.

6608 Village de Viège.

6609 Village de Saint-Nicolas.

6610 Zermatt et le Cervin.

6611 Le Cervin de Riffel.

6612 Le Mont-Rose.

6613 La syskannn (chaîne du Mont-
Rose).

6614 Les Germaux (Castor et Pollax).

6615 Chaîne du Mont-Rose.

6616 Le Col de Sainte-Théodule (chaîne
du Mont-Rose).

Deuxième série.

6617 Ville de Berne.

6618 Panorama de Thunn.

6619 Château de Rougemont à Thunn.

6620 Chûte de Giesbach.

6621 Wertterhorn et église de Grin-
delwald.

6622 Route d'Interlaken à Grindel-
wald.

6623 Welhorn et Wetterhorn.

6624 Le Finster-Aarhorn.

6625 Le Schreckhorn.

6626 Glacier du Rhône.

6627 Le Galenstock.

6628 Fribourg et le petit pont.

SAVOIE

—

LE MONT-BLANC ET SES GLACIERS

Première série.

6629 Chamounix.
6630 Aiguille du Dru et aiguille verte.
6631 Le Montanvert et les Charmoz.
6632 Les grandes Jorasses et le Tacul.
6633 Seracs du Géant.
6634 Le Mont-Blanc vu du jardin.
6635 Mer de Glace et les Charmoz.
6636 Les Bossons, chemin du Mont-Blanc.

ASCENSION DU MONT-BLANC

6638 Rencontre des Bossons et du Taconay.
6640 Départ des grands mulets.

LA CHAINE DU MONT-BLANC

6642 Vue du Buet.
6643 Vallée de Sixt.

Deuxième série.

6644 Entrée de la vallée de Chamounix (aux Ouches).
6645 Une bourrasque au Mont-Blanc.
6646 Source de l'Aveyron.
6647 Vallée de Chamounix.
6648 Mer de glace vue de la Flegère.
6649 Aiguille du Midi.
6650 Les grands mulets.
6651 Passage des Echelles.
6652 Seracs des Bossons.
6653 Passage à l'échelle horizontale.
6654 La crevasse.
6655 Chamounix, hôtel royal.
6656 Retour de l'ascension.

AUTOGRAPHES

—

6657 Arago (François).
6658 Arnal.
6659 Arnoult-Plessy.
6660 Auber.
6661 Balzac.
6662 Barrot-Odilon.
6663 Beauvallet.

6664 Béranger.
6665 Berlioz.
6666 Berryer.
6667 Berthet (Elie).
6668 Blanc (Louis).
6669 Blanqui.
6670 Bocage.

En vente à la Centralisation de photographies, Ch. Ségoffin, à Paris.

6671 Bonheur (Rosa).
6672 Brohan (Augustine).
6673 Castille (Hipolyte).
6674 Cavaignac.
6675 Champfleurry.
6676 Chasles (Philarète).
6677 Chéri (Rose).
6678 Colet (Louise).
6679 Considérant.
6680 Cormenin.
6681 Cousin.
6682 Crémieux.
6683 David (Félicien).
6684 Déjazet.
6685 Delacroix (Eugène).
6686 Delaroche (Paul).
6687 Deschamp (Emile).
6688 Desnoyers (Louis).
6689 Dumas (Alexandre père).
6690 Dumas (Alexandre fils).
6691 Dupanloup.
6692 Dupin.
6693 Dupont (Pierre).
6694 Falloux (de).
6695 Féval (Paul).
6696 Gauthier (Théophile).
6697 Gavarni.
6698 Georges (Mlle).
6699 Gérard de Nerval.
6700 Gérard (Jules), le tueur de lions.
6701 Girardin (Emile).
6702 Girardin (Mme).
6703 Gonzalès (Emmanuel).
6704 Gozlan (Léon).
6705 Grassot.
6706 Guizot.
6707 Heine (Henri).
6708 Houssaye (Arsène).

6709 Hugo (Victor).
6710 Ingres.
6711 Janin (Jules).
6712 Kaar (Alphonse).
6713 Kock (Paul de).
6714 Lachambeaudie.
6715 Lacordaire.
6716 Lamartine.
6717 Lamennais.
6718 Ledru-Rollin.
6719 Lemaître (Frédéric).
6720 Leroux (Pierre).
6721 Lola-Montès.
6722 M'lingue.
6723 Mérimée.
6724 Méry.
6725 Meyerbeer.
6726 Michelet.
6727 Monnier (Henri).
6728 Montalembert.
6729 Mürger (Henri).
6730 Musset (Alfred de).
6731 Nogent-Saint-Laurens.
6732 Planche (Gustave).
6733 Ponsard.
6734 Proudhon.
6735 Rachel.
6736 Raspail.
6737 Ravignan.
6738 Ricord.
6739 Robert (Clémence).
6740 Robespierre.
6741 Rossini.
6742 Rothschild.
6743 Saint-Marc-Girardin.
6744 Sainte Beuve.
6745 Salvandy.
6746 Samson.

6747 Sand (George).
6748 Scribe.
6749 Segalas (Anaïs).
6750 Sue (Eugène).
6751 Taylor (baron).
6752 Thiers.
6753 Vernet (Horace).

6754 Véron (le docteur).
6755 Veuillot (Louis).
6756 Viennet.
6757 Vigny (Alfred de).
6758 Villemain.
6759 Wey (Francis).

SUPPLÉMENT AU CATALOGUE

FRANCE

6760 Dumesnil de l'Institut.

6761 Murat (comte) , secrétaire du Corps législatif.

6762 Sénat. — Groupe.

6763 Postes (commission internationale). — Groupe.

6764 Le Guillois, rédacteur au journal *le Hanneton*.

6765 Azam (Victor), rédacteur au journal de la *Chaîne parisienne*.

—

6766 Le ballon Nadar.

6767 Les démolissions du ballon Nadar.

6768 Descente du ballon Nadar.

6769 Le *Hanneton* et le ballon Nadar.

—

GALERIE HISTORIQUE.

6770 Desmoullin (Camille). — Conventionnel décapité 1794.

6771 Danton (Georges). -- Célèbre démagogue décapité 1794.

6772 Greuze (J.-B.). — Peintre français 1800.

6773 Maillet (duchesse de), femme du grand Condé.

6774 Marie d'Anjou, femme de Charles VII.

—

MARÉCHAUX DE L'EMPIRE.

6775 Augereau (P.-F.-C.-H.), duc de Castiglione, maréchal 1804

6776 Bernadotte (depuis Charles XIV, roi de Suède 1818).

6777 Bessières (duc d'Istrie). — Maréchal 1808.

6778 Berthier (duc de Wagram). — Maréchal 1804.

6779 Brune. — Maréchal 1807, assassiné à Avignon.

6780 Davoust (prince d'Eckmuhl). — Maréchal 1804.

6781 Gouvion de Saint-Cyr (Laurent). — Maréchal, 1812 pair de France.

6782 Jourdan (J.-B.).—Maréchal 1804, pair de France et gouverneur des invalides 1830

6783 Kellermann (duc de Valmy). — Maréchal 1804, pair de France.

6784 Lefebvre (duc de Dantzick). — Maréchal 1804, pair de France 1819.

6785 Lannes (duc de Montebello). — Maréchal 1804, blessé mortellement à la bataille d'Essling.

6786 Moncey (duc de Conegliano). — Maréchal 1804, pair de France 1819.

6787 Masséna (prince d'Essling 1809). — Maréchal et comte de Rivoli 1804.

6788 Mortier (duc de Trévise). — Maréchal 1804, pair de France à la Restauration.

6789 Murat (Joachim), roi des Deux-Siciles 1808.— Maréchal 1804, fusillé 1815.

6790 Macdonald (duc de Tarente). — Maréchal 1809, pair de France 1815.

6791 Marmont (Viesse de), duc de Raguse. — Maréchal 1809, pair de France 1815.

6792 Ney (prince de la Moskowa 1812). — Duc d'Elchinguen 1807, maréchal 1804, fusillé le 7 décembre.

6793 Oudinot (duc de Reggio). — Maréchal 1809, pair de France, gouverneur des invalides 1842.

6794 Perignon (marquis de). — Maréchal 1809.

6795 Poniatowski (prince), surnommé le Bayard polonais. — Maréchal 1812, se noya dans l'Essler 1813, à la retraite de Leipsick.

6796 Perrin Victor (duc de Bellune). — Maréchal 1807, pair de France 1815.

6797 Serrurier (comte). — Maréchal 1804, gouverneur des invalides 1814, en fit brûler les drapeaux et donna sa démission plutôt que de servir les Bourbons.

6798 Suchet (duc d'Alberufera).— Maréchal 1808, pair de France 1814.

6799 Soult (Nicolas-Jean de Dieu). — Maréchal 1804, surnommé par Napoléon Ier le premier manœuvrier de l'Europe, pair de France 1827, ministre de la guerre 1830.

6800 Groupe de ces 25 maréchaux sur la même carte.

ACTEURS DIVERS.

6801 Mme Boschetti (Théâtre-Italien).
6802 Mme Urban (Opéra).
6803 M. Fraschini (Théâtre-Italien).
6804 M. Guignot (Opéra).

GROUPES

6805 Opéra d'Alceste, réunion de tous les acteurs.
6806 Opéra de la Muette, réunion de tous les acteurs.
6807 Ballet de Diavolina, réunion de tous les acteurs.
6808 Opéra de l'Etoile de Messine, réunion de tous les acteurs.
6809 Groupe de toutes les têtes d'actrices.
6810 Groupe de toutes les jambes d'actrices.

—

GROUPES DIVERS.

6811 Pologne en 1863. — Groupe de 19 personnages.
6812 Dominicains. — Groupe de 22 personnages.
6813 Barreau. — Groupe de 12 personnages.
6814 Généraux espagnols. — Groupe de 9 personnages.
6815 La Lyre universelle. — Groupe de 43 personnages.
6816 L'Etoile impériale. — Groupe de 50 personnages.
6817 L'heure du Christianisme. — Groupe de 13 personnages.
6818 Alliance des Arts. — Groupe de 27 personnages.

6819 Les Héros de la gloire. — Groupe de 23 personnages.
6820 Peintres italiens. — Groupe de 20 personnages.
6821 Peintres français. — Groupe de 20 personnages.
6822 Histoire monétaire de la France. — Groupes divers divisés en 7 cartes formant 7 numéros différents.
6823 Histoire monétaire anglaise. — Groupes divers divisés en 2 cartes seulement.
6824 Histoire monétaire espagnole. — Groupes divers divisés en 5 cartes.
6825 Branche des Bourbons. — Groupe de 9 personnages.
6826 Visite de l'Empereur au maréchal d'Ornano. — Groupe.
6827 Chef de l'infanterie de la garde. Groupe.
6828 La Gendarmerie impériale. — Groupe.
6829 Chasseurs à cheval. — Groupe.
6830 Zouaves de la garde. — Groupe.
6831 Grenadiers de la garde.—Groupe.
6832 Chasseurs à pied. — Groupe.
6833 Palais de Fontainebleau (mosaïque).
6834 Palais de Compiègne (mosaïque).
6835 Belgique (mosaïque).
6836 Pyrénées (mosaique).
6837 Les Reines de la main gauche. — Groupe de 2 personnages.
6838 Famille royale d'Angleterre. — Groupe de 22 personnages.

ESPAGNE

6839 Madame la duchesse de Medina Cœli.

ANGLETERRE

6840 Sir Lefebvre.
6841 Colonel Systens.

6842 Hung Turns.

RUSSIE

6843 Kalbaconine.
6844 Léonie Archevêque.
6845 Kolosanski, archiprêtre.
6846 Wassilief, archiprêtre de l'ambassade.
6847 Passiladoff, archiprêtre de l'Université.
6848 Borch, maître des cérémonies.

6849 Pflnolf, homme de lettres.
6850 Haveline, professeur de l'Université.
6851 Botkine, homme de lettres.
6852 Bourdine, acteur.
6853 Mlle Snethoff, actrice.
6854 Mlle Lebedeff, actrice.
6855 Paul Ier et Kosciusko. — Groupe.

AMÉRIQUE

6856 Cyrus W. Field, inventeur de l'électricité.
6857 Fielmore, ex-président.
6858 Horace Grely, poète.

6859 Grand Duc de Mechlembourg (Georges-Frédérick).
6860 Simpson, professeur à Edimbourg

JÉRUSALEM

6861 46 vues diverses.

6862 R. P. Desmazures.

6863 Collection des charges de Gavarni.
6864 Collection des spectres vivants.

6865 Collection complète des intérieurs des églises de Paris.
6866 Collection des types basques.

Typographie G.-A. Pinard, 9, cour des Miracles.